生活技能 308

開始到義大利
購物&看藝術

作者◎吳靜雯

太雅

編輯室提醒

出發前，請記得利用書上提供的Data再一次確認

　　每一個城市都是有生命的，會隨著時間不斷成長，「改變」於是成為不可避免的常態，雖然本書的作者與編輯已經盡力，讓書中呈現最新最完整的資訊，但是，我們仍要提醒本書的讀者，必要的時候，請多利用書中的電話，再次確認相關訊息。

資訊不代表對服務品質的背書

　　本書作者所提供的飯店、餐廳、商店等等資訊，是作者個人經歷或採訪獲得的資訊，本書作者盡力介紹有特色與價值的旅遊資訊，但是過去有讀者因為店家或機構服務態度不佳，而產生對作者的誤解。敝社申明，「服務」是一種「人為」，作者無法為所有服務生或任何機構的職員背書他們的品行，甚或是費用與服務內容也會隨時間調動，所以，因時因地因人，可能會與作者的體會不同，這也是旅行的特質。

新版與舊版

　　太雅旅遊書中銷售穩定的書籍，會不斷再版，並利用再版時做修訂工作。通常修訂時，還會新增餐廳、店家，重新製作專題，所以舊版的經典之作，可能會縮小版面，或是僅以情報簡短附錄。不論我們作何改變，一定考量讀者的利益。

票價震盪現象

　　越受歡迎的觀光城市，參觀門票和交通票券的價格，越容易調漲，但是調幅不大(例如倫敦)，若出現跟書中的價格有微小差距，請以平常心接受。

謝謝眾多讀者的來信

　　過去太雅旅遊書，透過非常多讀者的來信，得知更多的資訊，甚至幫忙修訂，非常感謝你們幫忙的熱心與愛好旅遊的熱情。歡迎讀者將所知道的變動後訊息，善用我們提供的「線上讀者情報上傳表單」或直接來信taiya@morningstar.com.tw，讓華文旅遊者在世界成為彼此的幫助。

太雅旅行作家俱樂部

So Easy 308

開始到義大利購物&看藝術

作　　者　吳靜雯

總 編 輯　張芳玲
發想企劃　taiya旅遊研究室
企劃編輯　林云也
主責編輯　林云也
封面設計　陳淑瑩
美術設計　陳淑瑩
地圖繪製　許志忠、林惠群、余淑真、陳淑瑩

太雅出版社
TEL：(02)2836-0755　FAX：(02)2831-8057
E-mail：taiya@morningstar.com.tw
郵政信箱：台北市郵政53-1291號信箱
太雅網址：http://taiya.morningstar.com.tw
購書網址：http://www.morningstar.com.tw

發 行 所　太雅出版有限公司
　　　　　台北市11167劍潭路13號2樓
　　　　　行政院新聞局局版台業字第五○○四號
承　　製　知己圖書股份有限公司
　　　　　台中市407工業區30路1號
　　　　　TEL：(04)2358-1803
總 經 銷　知己圖書股份有限公司
　　　　　台北公司 台北市106大安區辛亥路一段30號9樓
　　　　　TEL：(02)2367-2044　FAX：(02)2363-5741
　　　　　台中公司 台中市407工業區30路1號
　　　　　TEL：(04)2359-5819　FAX：(04)2359-5493

郵政劃撥　15060393
戶　　名　知己圖書股份有限公司
廣告刊登　TEL：(02)2836-0755太雅廣告部
　　　　　E-mail：taiya@morningstar.com.tw

初　　版　西元2018年6月01日
定　　價　320元
(本書如有破損或缺頁，請寄回本公司發行部更換；或撥讀者服務部專線04-2359-5819)

ISBN 978-986-336-241-8
Published by TAIYA Publishing Co.,Ltd.
Printed in Taiwan

國家圖書館出版品預行編目(CIP)資料

開始到義大利購物&看藝術 / 吳靜雯作. — 初版.
— 臺北市：太雅，2018.06
面；公分. ——（So easy；308）
ISBN　978-986-336-241-8（平裝）
1.旅遊　2.藝術　3.購物指南　4.義大利
745.09　　　　　　　　　　　　　107003226

■作者序

在這精品雲集的國度裡，相信許多人到義大利都是秉持著「我買，故我在」的精神踏遍義大利大街小巷。在義大利時，也常看到跟團的朋友，一有自由活動的時間，就直衝最近的Gucci、Prada瞎拼，絕不放過一分一秒。購物，絕對是義大利之旅中的重要行程。

而義大利的購物街區，也的確從不讓遊客們失望，從Benetton、Sisley到頂級精品Gucci、Armani、Prada、Valentino、Ferragamo等，林立在每個城市最熱鬧的購物街區。每家店總是精心打扮著自己，相互競艷，他們想做的，可不只是吸引旅人的目光，更是在「表‧現‧自‧己」。每個品牌都是絞盡腦汁的想讓自己的品牌精神與新設計訴求，能在這小

小的舞台中完整地傳達出來。因此，在義大利街頭逛街，可不只是單純的購物，我更覺得是一種意識形態的洗禮與反思。

而逛街與逛街之間，不妨安排參觀美術館、博物館，或者鑽進某座教堂中，或許，你就會在不經意之間，找到某個讓心靈悸動的古老雕刻或畫作。

常在看到某些畫作後，去了解畫家創作背後的故事，而了解之後的那份感動，常會更深刻地在心裡迴盪。這才慢慢理解：為什麼米開朗基羅在完成摩西像後(羅馬鎖鏈聖彼得教堂)，會對著這座完美的雕像說：「你怎麼不說話？」；也會看到畫家不堪現實的叨擾，而將自己被壓榨得不成人形的皮囊畫入畫中時(羅馬梵蒂岡博物館《最後的審判》)，發出會心

的一笑；又或者，在一個安靜的午後，站在《光之帝國》的畫前(威尼斯佩姬‧古根漢美術館)，享受片刻屬於自己的寧靜與安適。

很喜歡《藝術的故事》書中所提的一個概念：那些我們現在在博物館內看到高掛在牆上的畫作，原本都是為某個場合或目的而畫的，因此當藝術家在構思時，這個目的就已經存在其中了，這些畫原本是要人去討論、爭辯的。

現在，就讓我們打著藝術之名，行著購物之實，讓我們的義大利行，在打開荷包之際，也將深度的義大利文化一起打包回家！

■ 作者簡介

吳靜雯

一個愛深度探索世界的牡羊座，喜歡隨地而坐享用道地小吃，也喜歡偶爾上上高級餐館，享受當旅人的奢侈；喜歡窩居青年旅館，打探各方小道消息；也喜歡入住傳奇旅館，驚嘆各家旅館的細心雅緻。期許自己能將更多元化的世界樂活方式介紹給大家，整理出讓讀者玩得安心又快樂的旅遊書。

靜雯的出版作品：
● SO EASY系列
《開始在越南自助旅行》《開始在義大利自助旅行》
《開始在泰國自助旅行》《開始在土耳其自助旅行》
《指指點點玩義大利》
● 世界主題之旅系列
《真愛義大利》《Traveller's曼谷泰享受》《泰北清邁
享受全攻略》
● 個人旅行系列
《個人旅行：英國》

目錄 CONTENTS

How to use

如何使用本書

本書以自助旅行為切入角度，帶你進入以義大利購物和藝術之行為主題的行程。除了認識義大利的基本資訊，更重要的是彙整了當地知名品牌、優質物產，並提供購物地點與退稅需知的實用資訊。此外，詳細羅列四大藝術之城的交通、景點，並穿插安排藝術品解說與順遊介紹，讓義大利之旅充滿著濃厚藝術味、兼具知性感性。

全書分成以下重點內容

【義大利概述】

介紹地理、歷史、氣候等基本知識，介紹旅遊義大利必 Buy 物品，以及當地市集、超市、傳統雜貨店，還要分享令女性心動的草本保養品等。

【時尚品牌紀事】

義大利知名品牌眾多，無論穿的、居家用的都充滿質感，讓人眼睛一亮，好想到當地撿便宜帶回家。本篇告訴你 Salvatore Ferragamo、Gucci、Prada、Alessi 等品牌的故事。

【義大利必買特產】

葡萄酒、葡萄酒醋、橄欖油、起司、海鹽、火腿、臘腸、巧克力……這些當地特產，都值得好好認識，才知道該怎麼挑選。

【購物教戰手則】

義大利的折扣季是何時？大城附近哪裡有暢貨中心？掌握購物 6 大注意事項，讓你採買時不吃虧也不會被白眼；了解退稅規則與方式，讓你享受出國撿便宜的樂趣！

【義大利藝術初體驗】

義大利的大師創作有何特別之處，讓全世界的人都為之著迷？本篇不但要帶你看懂12 大藝術風格與特色，還要讓你看懂宗教畫，認識達文西、米開朗基羅、波提切利、拉斐爾的知名作品。

【義大利必看景點與畫作】

旅遊義大利，有 6 大知名景點與 4 大畫作是一定不能錯過的！另有精心製作的《創世紀》、《最後的晚餐》解說圖，站在大作前也可以自己當解說員！

【走訪義大利大城】

了解羅馬與梵蒂岡城、佛羅倫斯、威尼斯、米蘭，這些城市各有特色，也有許多好玩的地方。作者嚴選最為推薦的景點與店家，並穿插專題特輯 (如「追尋達文西」、「遊逛米蘭現代設計藝術」等)，幫你規畫更精采的旅途。

篇章
以顏色區分各大篇章。 ①

單元小目錄
每個單元開始前，詳列所有包含
的主題，一目瞭然。 ②

購物必知的便利帖
包括經典款、購買管道、網站、
辦認標章等資訊。 ③

品牌紀事清單
羅列產自義大利的服飾、藥妝等品牌，
提供簡單背景知識。 ④

城市簡介、景點羅列
介紹該城市背景與藝術發展歷史，並列出
包含藝術景點與購物行程的旅遊規畫，
同時標示出該城地圖及景點所在位置。 ⑤

城市通行證
提供該城市的最划算的交通與門票訊息，
其中包括各景點的優惠搭組、折扣費用，
以及購買地點。 ⑥

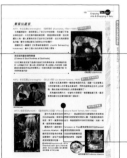

藝術景點、入場資訊
依(1)美術館、博物館(2)教堂(3)古遺跡、廣
場，將藝術景點分門別類。並將前往交
通、開放時間、費用、休息日......等重要
訊息詳列。 ⑦

藝術貼近看
將景點內的重要館藏逐一挑選出，
深入的介紹賞析。 ⑧

開始到義大利
購物&看藝術

義大利概述

About Italy

關於義大利

義大利是個什麼樣的國家?在走入他們的美食、購物,文化,貼近他們的生活之前,先了解一下這個地方。

黑手黨?危險!? 很多人提到義大利,馬上聯想到黑手黨,然而,義大利並不如傳說中的可怕,大城市夜晚不走暗巷、人多注意包包,大致上不會有太大的問題。

位於羅馬的鎖鍊聖彼得教堂,內有米開朗基羅的《摩西》像

豐富藝術遺產: 除了美食、購物之外,西方藝術蓬勃發展的源頭,就是義大利。喬托開創了現代藝術的風格,達文西、米開朗基羅、拉斐爾讓現代藝術達到最純熟的境界。光是聯合國教科文組織(UNESCO)所列的遺產中,在義大利境內就高達48個文化遺產及5個自然遺產,為目前世界上最多世界遺產的國家。此外,義大利擁有4萬5千多座博物館、10萬多座教堂以及5萬多座歷史建築物,藝術品達2百多萬件,考古文物更高達5百多萬件。

多元地域文化: 義大利屬於狹長形國家,每個地區的人民,都以自己的文化為傲,就像每一家的義大利媽媽,都有自己的獨門烹調祕方一樣,義大利的文化之多元、之活潑,讓人在每個地方,都可看到不同的文物、不同的個性、與不同的義大利生活。

這裡雖然有點亂,但是亂得很有活力;這裡雖然有點舊,但一磚一瓦都有它的故事。不造作的義大利,真真實實的生活,最是耐人尋味。

都靈(Torino)
米蘭(Milano)
維諾納(Verona)
威尼斯(Venezia)
波隆納(Bologna)
熱那亞(Genova)
佛羅倫斯(Firenze)
比薩(Pisa)
西耶納(Siena)
佩魯吉亞(Perugia)
羅馬(Roma)
薩丁尼亞島(Sardegna)
拿坡里(Napoli)
龐貝(Pompeii)
蘇連多(Sorrento)
西西里島(Sicilia)

首都: 羅馬
面積: 約30萬平方公里,是台灣的8倍大
人口: 約5千9百萬人
語言: 義大利語
宗教: 87%的人信仰天主教
貨幣: 歐元

INFORMATION
義大利世界自然遺產 Top 5

1. 羅馬古城區
Centro storico di Roma

2. 拿坡里古城區
Spaccanapoli, Napoli

3. 阿瑪菲海岸
Costiera Amalfitana

4. 南義蘑菇村
Alberobello

5. 五鄉地
Cinque Terre

旅遊季節

　　義大利屬於狹長地型，因此北部的米蘭及威尼斯、中義的佛羅倫斯、南義的羅馬及拿坡里這幾個大城市溫度會差約5度左右。

　　以下以米蘭及羅馬為例，來說明各季節該如何著裝，以及何時為旅遊淡旺季。

米蘭

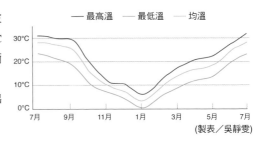

　　春季3～5月：適合拜訪米蘭的季節，可賞櫻花，且家具展、時裝展都是在此時舉辦。3月白天溫度可到13°C但夜晚仍寒冷，5月則會來到舒適的20°C。容易下雨，雨具必備。日夜溫差大，仍須攜帶保暖衣物。

　　夏季6～8月：炎熱，白天常是30°C，許多當地人會出城避暑。建議穿吸排汗較佳的衣服，且記得做好防曬，帽子、太陽眼鏡、防曬乳液、防蚊液都是必備品。

　　7月第一週即開始夏季折扣。

　　秋季9～11月：9、10月是最舒適的季節，9月白天溫度約為25°C，但是日夜溫差大，記得帶件外套或大圍巾出門。

　　到了11月，溫度可能降到10°C左右。這季節也較可能下雨，記得帶雨具或防雨的戴帽外套。

　　冬季12～2月：這個季節雖然較乾、不多雨，但也較寒冷，且常起霧，偶爾會下雪。白天溫度約5°C，晚上則可能降到-2°C。

　　記得要帶一件非常保暖的大衣、圍巾、帽子、手套。室內都有暖氣，薄長袖或甚至短袖即可。

羅馬

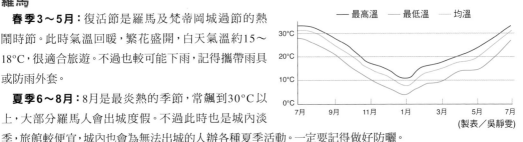

　　春季3～5月：復活節是羅馬及梵蒂岡城過節的熱鬧時節。此時氣溫回暖，繁花盛開，白天氣溫約15～18°C，很適合旅遊。不過也較可能下雨，記得攜帶雨具或防雨外套。

　　夏季6～8月：8月是最炎熱的季節，常飆到30°C以上，大部分羅馬人會出城度假。不過此時也是城內淡季，旅館較便宜，城內也會為無法出城的人辦各種夏季活動。一定要記得做好防曬。

　　秋季9～11月：作物收成，是享受義大利美食的最棒時節，雖然也較可能下雨，但雨後即是吃石蕈菇、松露的最佳時機。此時南義的氣溫仍相當宜人，很適合從事戶外活動，例如參觀古羅馬遺跡。

　　冬季12～2月：自11月中旬開始，街道就會掛上歡樂的聖誕燈飾，納佛那廣場也會舉辦耶誕市集。12月溫度約4～8°C，1月初可開始在冰冰涼涼的溫度下搶購冬季折扣品。

Where

哪裡敗家最滿足

帶你認識義大利各大購物城

貝爾加摩
Bergamo

米蘭 Milano ●

● 都靈 Torino

五鄉地
Cinque Terre ●

地域分明的義大利，每個城市都鮮明展現各自的購物特色。

米蘭
米蘭這時尚之都，街上隨手可及的設計精品、手工藝品，全球買手趨之若鶩。而集中的購物街區，更是讓人輕鬆享受購物趣。

購買重點：時尚精品、家具、現代設計品
著名精品街區：Via Monte Napoleone、艾曼紐二世大道、布雷拉街區

五鄉地
五鄉地國家公園為鼓勵當地農民繼續耕作，收購當地農產品，製成高品質的食品及保養品統一銷售，增加農民收入。

購買重點：鯷魚義大利麵醬、羅勒義大利麵、蜂蜜、天然保養品、白酒及Sciacchetra'餐後甜酒

都靈
以榛果巧克力聞名，另也是號稱食品界博物館的「Eataly超市」發源地，可買到各種頂級特產。

購買重點：Gianduiotti榛果巧克力
著名精品街區：Via Roma、Via Garibaldi

薩丁尼亞島
Sardegna

羅馬
這永恆之都恆藏著令人挖不完的寶藏，無論是古董、古玩，還是羅馬人那大剌剌的設計品，都令人叫絕。全球精品進駐羅馬古城，因此這裡的商品可說是涵括古今中外。

購買重點：古董、雕刻
著名精品街區：Via Condotti及Via Babuino、Via Cola di Rienzo

Where

愛逛街的義大利人，很自然地讓每個城市都有個令人為之瘋狂的購物街區(相信我，即使是小小城市，都可以找到商品集中的購物街道，至少也都還有Benetton之類的商店)。不過大部分遊客在義大利停留的時間都很有限，因此本書將義大利幾座主要城市的購物重點、主要購物街區整理出來，讓大家買得開心、買得無遺珠之憾地滿載而歸。

威尼斯
Venezia

維諾納
Verona

威尼斯

奢華、貴氣的威尼斯，自古就是各地舶來品的聚集地，而威尼斯Murano的玻璃藝術、Burano的蕾絲藝品，全球首屈一指。此外，每年因應威尼斯嘉年華會而創造出來的各種面具，更是令人神迷。

購買重點：玻璃製品、面具、Burano蕾絲、北義白葡萄酒、Prosecco氣泡酒、Friuli的Grappa蒸餾酒
著名精品街區：Calle Larga de L'ascension及Salizader S. Moise、Calle Larga XXII Marzo

義大利
Italia

比薩 Pisa

● 佛羅倫斯(翡冷翠) Firenze

● 奇揚地 Chianti

● 西耶那 Siena

● 羅馬 Roma

佛羅倫斯

雖然這是義大利的藝術重鎮，但是除了知名精品一樣不少之外，還有許多以當地知名藝術品製作的精美紀念品，此外，佛羅倫斯的皮製品及托斯卡尼的優質食品，更是名聞天下。

購買重點：藝術品及皮製品、Chianti葡萄酒、橄欖油、臘腸、Arazzi毯織掛布
著名精品街區：Via de' Tornabuoni及Via Strozzi

拿坡里 Napoli

龐貝 Pompei

卡布里島 Capri

阿瑪菲 Amalfi

蘇連多 Sorrento

南義

南義(羅馬以南)的手工藝品相當值得購買，像是Puglia地區的陶瓷品，有別於托斯卡尼，感覺較為簡單、樸實。卡布里島採用新鮮花草調配的香水也相當有名氣。

購買重點：Puglia地區的陶瓷品、卡布里島的香水、阿瑪菲海岸的檸檬酒、檸檬香皂、乾番茄、以及西西里島的海鹽、鯷魚、Modena巧克力及薩丁尼亞的鮪魚卵。
著名精品街區：拿坡里市區Umberto II走廊、卡布里島市中心

巴勒摩
Palermo

西西里島
Sicilia

北

What 一次購足不遺憾！

必買 清單

義大利設計是全球知名的，除了女裝外，當地男生也很注重外表，因此男裝也不惶多讓。而義大利人是以愛小孩著稱，高品質的童裝設計也不少。再者，這裡的傳統工藝技術是世界頂級的，尤其是皮件，可還真是到義大利不可不買！而嚴格把關的優質食品、草本保養品，讓人爆箱了還是要買。

No.1 包包

No.2 皮夾

No.3 皮鞋

No.4 草本保養品

P.21

便宜伴手禮哪裡買？

　　義大利境內最常見的超市有Esselunga、inCoop、Conad、PAM、Standa等。一般在住宅區都會有一家超市，大型超市則位於比較市郊的區域。此外，義大利境內還有很多食品雜貨店(Alimentare)，販售各種當地食品，像是臘肉、起司、麵條、調味料等當地人的日常生活食品及用品。有些較精緻的雜貨店所賣的食品，都是店家精挑細選的，比超級市場賣的品質還要好很多。

No.5

P.45
葡萄酒醋

No.6

P.48
橄欖油

No.7

P.42
葡萄酒

No.8

太陽眼鏡

No.9
拿坡里式摩卡壺

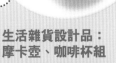
P.40
生活雜貨設計品：
摩卡壺、咖啡杯組

No.10

P.39
泳衣、內衣、褲襪

認識義大利超市&雜貨

在一般精品店以外，義大利的超市及老雜貨店也可買到不少優質商品。

● **蜂蜜**：可選擇標有Biologico有機字樣的蜂蜜，較無其他添加物，另可購買要帶著蜂蜜到處採花蜜的Nomade蜂蜜，這種蜂蜜的數量越來越少了。帶著苦味、適合用於料理的Corbezzolo楊梅花蜜是最貴的蜂蜜，Arancio柑橙蜜及Eucalipto尤加利蜜則很適合感冒時飲用，含蜂膠Propoli的蜂蜜也相當推薦。

● **咖啡與麥茶**：較推薦購買當地咖啡館自己烘培的咖啡，如威尼斯的老字號咖啡館Torrefazione Cannaregio。不喝咖啡者，可購買右圖這種類似咖啡的麥茶取代咖啡粉。

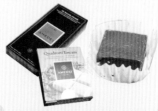

● **巧克力**：都靈的榛果巧克力、Amedei頂級巧克力及Perugina的Baci巧克力。

● **乾石蕈菇**　● **松露橄欖油**

● **松露醬**：帶回國後抹在烤麵包上吃，最適合配上一杯紅酒。

● **乾辣椒、番茄**

● **香皂**：Esselunga超市出的這款香皂其實也便宜好用。

● **香料**

乾燥奧勒岡

● **一般果醬**：尤其推薦無花果果醬。

● **辣味果醬**：適合放在起司上吃

● **有機花草茶包**：義大利的有機產品(標有Biologico或Organico)相當優質，尤其推薦茴香菊花茶包。

● **檸檬酒**：南義盛產檸檬，並製成香醇美味的檸檬酒，最適合餐後來一杯。

● **Grappa義式白蘭地**：除了檸檬口味外，還有許多不同口味的義式白蘭地，很適合餐後飲用。

Supermarket & Grocery

義大利超市點點名

● 優質慢食理念超市Eataly

都靈(Torino)起家，以慢食理念開設的超市，這裡不只是賣場，更是一個演繹義大利傳統美食的空間。店內的美食專家會告訴你，即使是看似不美觀的小魚，只要懂得料理方式，也可變成一道美味料理。除了販售以傳統方式製作的食品及天然保養品、生活用品外，也設有各式料理餐廳、咖啡館、麵包坊、酒窖。義國各大城市均已設點，波隆那也有Eataly美食主題樂園！

● 大型超市Esselunga & Coop

義大利兩家最大且把關也算嚴格的超市，也推出自有品牌，便宜又好用。近年Coop對於賣場規畫相當用心，整體布置及自助結帳系統精益求精，讓逛超市也變成享受。商品方面也多會販售該區特產，賣場內也設有熟食攤，是便宜享用義大利美食的好地方。

也可買到品質嚴格把關的花草茶

義大利的蜂蜜品牌很棒，也很值得購買

超市裡琳琅滿目的新鮮蔬果

羅馬花之廣場早上市集

● 義大利超市界的寶NaturaSi

松露薯片

這是義國目前最具規模的天然有機超市，成立於1992年，第一家店開設在茱麗葉的故鄉Verona。商品都是嚴格把關的有機商品，且會找該區域的有機工坊及小農合作。例如佛羅倫斯NaturaSi所賣的手工餅乾，就是Forno la Torre這家山上的老麵包坊做的，非常好吃，有機會一定要嘗嘗，尤其推薦藍莓烤餅乾Lunette al farro e frutti di bosco。

店內也可找到義大利小品牌的天然有機保養品，這些廠商多為了品質而不願增加產量，因此常是義國本地才買到的限量良品。零食類則推薦檸檬杏仁及松露薯片，都是吃了口齒留香的優質食品。

略帶著檸檬香的杏仁

● 其他超市

法國超市家樂福也開設了24小時超市，另還可看到一些小型超市如Conad、Pam、Punto。

INFORMATION
在超市怎麼買水果蔬菜？

Step 1
蔬果上的牌子標有號碼。

Step 2
拿好蔬果後，放在秤上，按標牌上的號碼，機器就會自動列印出標籤，將標價貼在袋子上，最後再一起結帳。

號碼標示

尋找號碼

市集買什麼？ Local Market

除了超市外，熱愛與人接觸的義大利人，還是最喜歡逛傳統市集，因此在大城小鎮的市中心主要廣場上，每週或甚至每天都會有傳統市集，即使是米蘭這樣的現代化大都市，也會固定時間在不同街道上擺市集。

而市集總是有附近區域的小農或小工作坊過來擺攤，所以比較能買到當地的特色商品。

皮帶

花紋紙

披肩

皮手套

威尼斯面具

羽毛沾水筆

零錢包

主要地標模型

彩繪瓷盤

蕾絲產品

蕾絲傘

具義大利特色的磁鐵

皮衣，佛羅倫斯的野豬市集及中央市場外的攤位最多皮件商品

在威尼斯地區可找到一些可愛的玻璃飾品

煮義大利麵不知道該放多少？有量麵神器就沒問題了！

橄欖木餐具，義大利橄欖產量較大，價格比較便宜。

草本保養品 Herbal Care Product

歐盟對於產品品質把關相當嚴格，尤其是有機產品的認證標準，都是從土壤開始檢驗起。加上義大利傳統修道院自古即用心於草本產品的研發，因此至今仍可找到一些百年傳承下來的草本品牌。

玫瑰水、金盞花化妝水為最熱門的產品▶

● **Officina Profumo Farmaceutica di Santa Maria Novella（新聖母瑪利亞香水藥房）**

1221年，多明尼克修會開始在佛羅倫斯設立草藥房，17世紀時，許多王公貴族都指定用他們所生產的保養品、香水。

位於新聖母瑪利亞教會旁的老藥房總店，就像座美麗的博物館。推開重重的大門，穿過擺著大理石雕像的走廊，來到充滿藥草香的藥房空間。大廳天花板上的天頂畫、代代相傳的老木櫃，恰到好處地呈現出老藥房的高雅氣質。再往內走則是香水部及藥草部。

這家藥房一直堅持採用最好、最天然的花草提煉各種產品，絕不添加任何化學品，也不做動物試驗，產品自然、溫和。著名的產品包括鎮店之香「撲撲莉」(Pot-Pourri)，這是將佛羅倫斯山丘的各種天然花草、莓果放進土壤中，並加入不同的純天然精油，密封放置4個月，讓它自然發酵成天然芳香品。最受歡迎的產品還包括SMN配方水(Acqua di Erba Santa Maria)、薔薇水(Acqua di Rosa)、柑橘美白化妝水(Acqua di Fiori d'Arancio)等。

天然健康食品，如蜂膠、預防感冒的維他命錠及降血脂膠囊

眼霜及金盞花面霜為最推薦的產品

香水方面，這是世界上唯一幾家只研發單一香味的老香水店，並專為天主教國家的皇族調配個人用香水。其中以1533年聖母瑪利亞皇后香水(Colonia Santa Maria Novella)最為聞名，這是當時佛羅倫斯麥迪奇家族的凱薩琳(Caterina de Medici)與法國亨利二世結婚時，專為她研發的香水，為一款只採用穩定性最高的植物性變性酒精、水及純天然花

彷如博物館的老藥房

草香精所調配的單一香味香水。而這種香水的香精也用來製作香皂。

他們的香皂同樣只採用天然植物皂基，並放置60天自然陰乾，產出富含奶脂的香皂。其中以杏仁香皂(Sapone alla Mandorla)最受歡迎。

乳液方面以牛奶身體乳液(Latte per il corpo)及乾性皮膚用的Idrasol、杏仁護手霜(Pasta di Mandorle)最好用。另外還有許多產品，像是精油、隔離霜、眼霜、外用消腫霜(Crema Arnica)、防曬乳液、蜂蜜、草藥等。

這裡並不是採開放式商品櫃，可先到櫃檯兩側拿取商品清單，接著到櫃檯請服務人員拿你有興趣的產品試擦，喜歡的話再購買(現也提供退稅服務)。

INFORMATION
新聖母瑪利亞香水藥房

Where：佛羅倫斯S.M.N.火車站附近
Website：www.smnovella.com
地址：Via della Scala 16
電話：(055)216-276

▶最推薦的蜂膠產品，成人可購買膠囊包裝，或滴液的Propoli idroalcolica，另還有兒童較能接受橙橘蜂膠Propoli all' arancia

●L'Erbolario(蕾莉歐)

蕾莉歐是義大利古老的草本家族企業，產品以天然材料為主，並以精進的科學測試，為產品把關。產品包裝精美，也是義大利唯一斥資在各大雜誌廣告的有機產品。除了各種男、女保養品外，還有美髮、沐浴、芳香、防曬、有機美容、寶寶專用系列產品，產品種類相當多，其中以乳液、眼霜、化妝水最受好評。義大利的價格約是台灣售價的6折，因此許多遊客到義大利都不忘大量搜購。。推薦威尼斯的蕾莉歐專賣店，商品齊全，且為台義合開的店，可使用中文溝通(地址：Campo S. Zaccaria, 4683／時間：10:00～18:30）。

Website：www.lerbolario.com.tw

蕾莉歐最著名的海藻精華液，在義大利買非常超值

Oro Veneziano 威尼斯蕾莉歐專賣店也可買到這款龍血樹精華液
(圖片提供／VENUS LIN)

幾乎所有的有機店或藥局均有售

蕾莉歐花草香水、乳液

●其他天然保養品 加碼推薦

卡布里島老香水舖以檸檬及該區花草所製的香水；威尼斯The Merchant of Venice也是經典香水品牌

VAGHEGGI微克詩月見草按摩霜及臉部清潔產品也是相當受歡迎的義大利產品
(取自VAGHEGGI.COM)

精油

天然染髮劑

具深層清潔效果的地中海天然海綿

●Derbe

Derbe是另一個優質的草本品牌，分為好幾個系列，最推薦以藝術之都佛羅倫斯古老傳統為基底的Speziali Fiorentini產品，採用現代、安全的配方，演譯傳統藥師精神。其中以無花果&罌粟花(Fig & Poppy)、玫瑰&黑莓(Rose & Blackberry)這兩種系列產品的香氣最雋永迷人。推薦其沐浴乳、香皂、香水及噴霧水。此外，牡丹萊姆(Peony & Lime)及甘草橘子(Liquorice & Mandarin)的香氣也很清香。義大利各大藥草店及Naturasi有機超市均有售。Website：www.derbe.it

最推薦這款罌粟無化果皂　這款護唇膏品質很棒

●Helan

HELAN Cosmesi di laboratorio 是1976年由北義熱那亞的大學主任教授及義大利國家律師所創立。HELAN 取自希臘文的「太陽(HELIOS)」及拉丁文的「靈魂(Animus)」，意指我們的身心靈應像太陽一樣明亮、清透。而HELAN的產品堅持不添加任何化學品、石油化學成分，只使用從天然植物中所萃取的有效活性成分。再加上熱那亞地區的氣候適合各種藥草植物生長，有許多典型的地中海溫帶植物，他們再以代代相傳的古老草本智慧，採用最溫和的方式製造百分百天然保養品，因此深受義大利專家所肯定。其中最推薦純天然的護唇膏，由於沒有化學品，所以不會擦完一、兩小時後嘴唇變得更乾。另外臉部面霜也依膚質分為4個系列：Viso 1、2、3、4，綜合及一般性皮膚可使用Viso 1，乾性膚質可使用Viso 2，油性膚質使用Viso 3，敏感性膚質可使用Viso 4。一般來講，Viso 2的Crema Superidratante超水乳霜及Viso 4的Crema-Gel Idratante Rinfrescante 較適合台灣氣候。這些產品的吸收力都很好，每次使用只要塗抹一點點即可。此外，臉部去角質產品也很棒。Website：helan.com/en

▲德國高品質的有機品牌WELEDA薇蕾德，這款植萃皂金盞花搖籃皂很好洗

較適合台灣氣候的Viso 4 面霜

義大利著名的牙膏Marvis，號稱牙膏界的愛馬仕，產品包括：紅色肉桂薄荷、藍色海洋薄荷、橘色生薑薄荷、黑色甘草薄荷、白色亮白薄荷、紫色茉莉薄荷

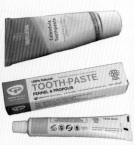

但其實WELEDA及其他小品牌的天然牙膏更為推薦

另也非常推薦佛羅倫斯主教堂後面的這家小藥局 Herbal De Herbore

開始到義大利
購物&看藝術

時尚品牌紀事
Fashion Brands

義大利精品一覽

　　隨口唸出幾個全球知名的精品名牌，其中總不乏義大利製造。義大利打造精品的工藝技術，已達到全球頂尖之境，就連其他國家的精品名牌，也會聘請義大利工匠為他們製造頂級產品。在此整理出最具代表性的義大利品牌，並介紹它們背後的故事和產品特色。

義大利精品一覽

Giorgio Armani

跨時代的優雅是Armani一貫的風格。，起源於米蘭，設計出讓人在每一種場合，都穿著得宜的服飾。另還包括Armani Collection、Armani Jeans等年輕副牌。

Fendi

由女人掌舵的企業，最能掌握貴婦級的時尚設計。以皮草、雙F印花、Peekaboo與Baguette包聞名。Selleria系列為Peekaboo包最高級款式，每個包的1,024針縫線，為羅馬老師傅親手縫製。

Tod's

堅持採用天然材質，在優雅簡潔的設計中，散發出永恆的時尚感。經典商品包括133顆圓粒做成鞋底的豆豆鞋及Wave系列包。

Gianni Versace

Versace戲劇般的人生，一直是時尚界的神話。而穿著Versace服飾的女人，總是全身散發著耀眼、迷人的風采。2008年更在米蘭的Via Borgospesso開設第一家精品家具店。

Fratelli Rossetti

創立於1953年的皮鞋品牌，精選頂級皮革，並堅持以傳統及嚴謹的工序，製造各種經典鞋款。

Diadora Heritage

義大利國寶級球鞋，以70、80年代的復古設計最為雋永，經典鞋款為EQUIPE S. SW於1975年出品的石洗鞋面訓練鞋，以及自然皺褶皮質設計的TRIDENT。

義大利精品一覽

Furla

帶著童心的輕奢品牌，近年設計越趨年輕化，最熱門的為Metropolis包，新推出的My Playfurla個性化選搭設計蔚為風潮，手錶設計也相當亮眼。

DIXIE

起源於佛羅倫斯的中價位品牌，線條總是透顯出甜美感，但同時又散發著飄逸的輕鬆氣息。

Bvlgari

絢爛的光彩，讓寶格麗一直是珠寶界最閃亮的一顆星。善用多彩寶石與不同材質的組合。近年最夯的是BVLGARI SERPENTI FOREVER系列肩背包。

Trussardi

極簡的線條設計，又能走在流行的尖端，這是Trussardi一貫的風格。以皮件起家的Trussardi，目前仍以皮件為經典產品。

Max Mara

極注重質料與剪裁，散發端莊大方的氣質。以適合所有女性且不退流行的款式為設計主軸。旗下另一個很有質感的品牌是Pennyblack。

Max & Co.

Max Mara的年輕副牌，充滿簡約時尚感的迷人風格。冬季外套設計尤為簡單有型。春夏常有端莊中帶甜美的設計。另一個旗下品牌為以極簡剪裁著稱的i Blues。

義 大 利 精 品 一 覽

Brunello Cucinelli

以喀什米爾羊毛織品聞名的義大利品牌，總能呈現出一種優雅的自信。

Manila Gracia

脫俗設計及慎選材質，讓此品牌脫穎而出。

Pinko

個性、活力、時尚感，均涵蓋在這個品牌的設計品中了。

Diesel

原為專門提供義大利皇室牛仔褲，後來轉為以當下社會議題為創作靈感的風格品牌，曾與許多設計師激發出獨創商品，並以獨一無二的復古牛仔褲聞名。

Miss Sixty

最受年輕人喜愛的牛仔褲品牌，剪裁總是能烘托出長腿、翹臀、纖腰。

Moschino

以戲謔的「語言穿著」聞名，但又隨處可見設計師對生命與和平的熱愛。近年推出的香水也是熱門商品。

Duvetica

日劇《家政婦三田》中女主角每天穿的那件羽絨衣，就是義大利Duvetica品牌出品。輕盈又保暖的材質，是它廣受歡迎的主要原因。

Laura Biagiotti

擅長以羊絨織品設計服飾，尤其是喀什米爾的羊毛製品。因此設計師有著「喀什米爾女王」的封號。

a.testoni

以傳統製鞋技術聞名，堅持採用紋路與透氣性相近的皮革完成一件商品。經典系列為Black Label鞋。

義 大 利 精 品 一 覽

時尚品牌紀事

Valentino

以剪裁合身、柔和的絲質為主，充分展現高貴的女性化特質。晚禮服尤其受名媛淑女的喜愛。

Marni

義大利頂級品牌中的一線品牌，除了一貫的「舒適」最高原則外，設計總透顯出輕鬆的嬉皮與清新的都會時尚風格。

Roberto Cavalli

善用不同材質，遊走於剛柔之間。以皮草、民俗風、豹紋、斑馬紋等奢華、性感設計為主。佛羅倫斯的旗艦店咖啡館，每天都高朋滿座。

Ermenegildo Zegna

採用最優質的布料，製工相當嚴謹，是男裝及皮鞋的最佳選擇之一。

Missoni

以多彩繽紛的針織圖紋為主。最具代表性的產品為羊毛針織服。另一個充滿異國風情設計的知名品牌是Etro，以Paisley為經典圖案。

Patrizia Pepe

1993年創立的品牌，總能在前衛的設計風格中，同時展現柔美的線條，將所有理想女性的特質，淋漓盡致地表現在服裝設計上。

Stefanel

成功轉型的義大利中價位年輕品牌。常以低調、溫暖的色系演繹現代時尚，因此總能呈現出不俗又俐落的設計品。

Sergio Rossi

每雙鞋都追求完美、精緻，以優美的鞋身曲線著稱，為許多新娘的夢幻婚禮鞋。經典款為Opanca鞋及Mermaid鞋。

Replay

充滿個性的時尚設計，同時又極注重舒適感。代表商品為牛仔褲。每家店都有其強烈的品牌風格，值得逛逛。

品牌故事

　　義大利精品品牌之所以能夠歷久彌新，多數是有著深厚的傳統技藝底蘊，再加上設計團隊的創新演繹，創造出一個時代又一個時代的經典。

Salvatore Ferragamo

Logo：金色扣環Ω ／ Classic：Vara 蝴蝶結女鞋、赫本鞋、夢露鞋、Soft Sofia包、THALIA系列包、Vara Bow雙層蝴蝶結香水 ／ Website：www.ferragamo.com

以蝴蝶結鞋款著稱的義大利頂級品牌Salvatore Ferragamo，品牌名稱取自創辦人的名字。據傳Salvatore Ferragamo小時家境並不富裕，家中有14個兄弟姊妹，為了讓妹妹不再因穿木鞋上教堂而自卑，以剩餘的碎皮料做出了生平第一雙鞋，後來也開始到鞋坊當學徒，慢慢積累手工製鞋的技藝。西元1914年他跟哥哥到美國闖蕩，落腳在加州後開設了第一家手工鞋坊，為了精進自己的製鞋技術，還到大學進修人體解剖學，以期能製作出更符合人體工學的舒適鞋款。

　　在美國成功開業後，Salvatore Ferragamo於1927年回到義大利，創立了現今的Salvatore Ferragamo品牌，堅持以最札實的手工製鞋方式，每雙鞋都須經134道工序，10個工作天才能完成。他們的鞋一直以來都是明星們的最愛，早期為奧黛莉・赫本訂製、有著雅致鞋帶的赫本鞋，以及Ferragamo專為瑪麗蓮夢露設計的夢露鞋，都成了Salvatore Ferragamo的經典鞋款。近期的香港女星莫文蔚，也是特地請他們製作自己的婚禮鞋。

Vara蝴蝶結女鞋

　　經典鞋款非Vara蝴蝶結女鞋莫屬了。鞋體以小羊皮為主要材料，並以織布製作蝴蝶結，中間再嵌入經典的Ferragamo扣環，其優雅的鞋型，可真是雋永不墜的設計。後來Salvatore Ferragamo品牌也開始拓展品項，像是以佛羅倫斯總部的老門環設計為裝飾扣環的包包、以經典蝴蝶結設計的香水、圖樣多變的圍巾、典雅的女裝及做工精細的男裝。

想了解Salvatore Ferragamo的歷史及歷年的經典設計，可至佛羅倫斯總部的博物館參觀(見P.139)。

Salvatore Ferragamo佛羅倫斯總部，內還設有品牌博物館

Gucci

Logo：以兩個G字母組成／Classic：竹節包、Dionysus酒神包、波士頓包、Sylvie包、賈姬包、Gucci Signature Leather皮革壓紋包、Ophidia系列包／Website：www.gucci.com

Guccio Gucci年輕時曾在倫敦最頂級的Savoy旅館工作，在那裡看盡倫敦上流社會的品味，後來決定回家跟經營馬鞍及皮具的父親學習皮件技術。他於1921年在家鄉佛羅倫斯創立品牌，並首先將自身商標放在產品設計上，成功經營出品牌形象，成為奢華的象徵。當時的原店址現改為Gucci博物館(見P.139)。

Gucci後來卻因家族爭權，導致經營不善而形象大損，所幸1994年Tom Ford接手，成功打造出品牌新形象，以傳統優雅與現代性感融合的創新風格，再度站上時尚舞台，Gucci男裝也開始成為時尚指標。Tom Ford離開Gucci後，設計風格又幾經變化，現在則在Alessandro Michele的帶領下，重新演繹Gucci的經典元素，以華麗又年輕的優雅獨領風騷。

Gucci一直以雙G標誌運用於商品設計，並以馬銜與馬蹬的馬銜鏈設計作為細節裝飾，例如經典的波士頓包，即採取了經典的雙G標誌和固定馬鞍用的紅綠相間的直條紋帆布飾帶。另一款最經典的即是以竹節為提把的竹節包，每個包的竹節製作工序複雜，得先磨剪竹子後再火烤、拋光，最後才能彎折出馬鞍形提把安置在包包上，總共得經過20道工序。此外還有類似水餃包的「賈姬包」(Jackie O'Bag)、近年以霸氣雙虎頭扣環著名的酒神包、時尚又俐落的Sylvie系列包。

Bottega Veneta

Logo：無 / Classic：Cabat包、Lauren 1980系列包、Knot手拿包、Palio及Piazza系列包
Website：www.bottegaveneta.com

Bottega Veneta 在奢華品牌商品中，可說是識別度相當高，然而他們並不像Gucci那樣大玩商標，只是低調地以頂級的皮革及獨特的Intrecciato編織技法創造出典雅含蓄的商品，但卻能讓人一看就知道是BV。他們也因此成了時尚界「反潮流」、「反 logo」的創始者，每件經過繁複工序才完成的商品，都是實用、雋永不退潮流的精品。

1966年，Michele Taddei與Renzo Zengiaro在北義的維琴察(Vicenza)創立了Bottega Veneta。品牌名字中的Bottega義大利文意思是「手作工坊」，Veneta則是總部所在的省分名稱(首府為著名的威尼斯)。可想而知，他們最注重的就是師傅的手工技藝，以其豐富的經驗，先在一塊完整的皮革上切出缺口，再將另一塊精準染色、完全無色差的皮革切成條狀，以縱橫交織的獨創「Intrecciato」織法手工編織。而且他們相當注重細節處理，即使每個包都有雙層皮革，卻不顯笨重。

Bottega Veneta也同樣曾面臨經營危機，直到2001年加入Gucci旗下後，Tom Ford 請來曾任職於愛馬仕的德國設計師Tomas Maier 擔任創意總監，才又重新回到內斂而有溫度的奢華風格。

近年Bottega Veneta成功修復一棟18世紀的古蹟莊園，工作坊也搬到這裡，讓工藝師們有更好的工作環境，品牌歷史及歷代設計品有更完整的呈現，並設立學院，將他們的工藝技術繼續傳承下去。

Prada & Miu Miu

Logo：Prada大寫字母及倒三角形鐵標；miu miu小寫字母／Classic：Prada Etiquette包、Prada尼龍包、Prada牛皮壓紋長夾、Prada Candy香水、Miu Miu Miu Lady肩包、Miu Miu小牛皮蝴蝶結短夾／Website：www.prada.com、www.miumiu.com

時尚品牌紀事

獨樹一格的Prada是Mario Prada創立的品牌，當時因應時代需求，以旅行用皮件為主。但是Mario過世時，公司卻面臨瀕臨破產的困境，原本在政治領域的孫女Miuccia Prada 基於家族使命回來接手，經過長年的努力，引進黑色尼龍防水布料、以獨家扭花編織手法設計包包，並陸續推出成衣系列及女鞋，終於成功以其獨到的極簡低調風格挽救Prada。再加上Miuccia Prada自身的理念及經營方式，備受員工愛戴，也成功累積出一群死忠Prada迷。

1992年，才華洋溢的Miuccia Prada耐不住寂寞，以其小名創立另一個獨立品牌，開始發揮天馬行空的創意，成功以Child Woman童心未泯的甜美摺子設計，風靡全球。

Prada的經典產品為取自空軍降落傘的防水材質，其輕巧實用的設計，剛好符合現代人的需求。而女裝總是帶種古典的細緻優雅感，男裝則是古典簡約、卻又不失現代時尚感，鞋款設計則常能帶起一股流行風潮。

Prada後來還成立基金會，積極贊助各國當代藝術，有機會到米蘭也可參觀Prada基金會的當代藝術中心(見P.182)。

Dolce & Gabbana

Logo：大寫品牌名稱／Classic：豹紋系列、Miss Sicily提包
Website：www.dolcegabbana.com

Domenico Dolce和Stefano Gabbana一開始共同開設了一家設計諮詢中心，後來在會計師的建議下，開始以兩人的聯名開發票，也自此成為他們的商標，並於1985年發表第一次時裝秀。然而前幾次的服裝發表後，銷售成績並不亮眼，一直到第四次發表了「西西里女裝」，才開始受到矚目，後來也獲選為女裝的百大經典設計之一。隨後推出的男裝設計又獲得大獎肯定，並受瑪丹娜青睞，為其全球巡迴演唱會提供1,500套服裝。

出生於西西里島的Dolce，是個天生的浪漫主義者，從小在裁縫師父親身邊自然而然學得了一身扎實的裁縫基礎，他所掌舵的設計風格，總是自由不拘地詮釋華麗的巴洛克風格，並不做作地散發南義熱情奔放的調性，完美呈現義大利人所注重的性感曲線。而出生於米蘭的Gabbana，擅長行銷，兩人完美的配合，打造出Dolce & Gabbana的時尚傳奇。

Dolce & Gabbana每季推出的華麗飾品與鞋款，都是大家最期待的作品，後來推出的男、女性香水產品，也都獲得相關獎項的肯定。而他們創新的馬甲洋裝、經典的豹紋設計以及來自西西里宗教靈感啟發的過膝窄裙、男性西裝，更是經典，近年也開始提供高級男裝訂製服務。

時尚品牌紀事

Manila Grace
Designer：Manila Grace / Logo：Manila Grace / Classic：絲綢般的abaca纖維物料
Website：www.manilagrace.com

> "在充滿異國風情的國度裡，隨著輕柔的樂音，悠然起舞。"

Manila Grace是急速竄紅的義大利品牌，將現代女性的自信、個性、時尚、柔美集於一身，呈現出一件件脫俗迷人的服飾，經過Manila Grace的櫥窗，絕對會馬上被她的設計所吸引。

同樣誕生於波隆納城的另一個知名品牌為Anna Rita N，竟能將叛逆與優雅完美融合。

Twin-Set
Designer：Simona Barbieri / Logo：Twin-Set / Classic：羊毛針織衣
Website：www.twin-set.it

> "精靈般的氣質，細緻、靈巧。"

Twin-Set起於義大利Modena地區的品牌，近年來急速擴展，以女性柔美中帶著個性的衝突設計、特殊剪裁及獨特的印染技術、精緻的手工製作聞名。一件件充滿創意的甜美設計，掛在浪漫不已的店面裡，可說是義大利逛街必進美店之一。女裝之外，現在還推出童裝系列。

Liu·Jo

Designer：集體設計 / Logo：Liu·Jo / Classic：襯衫、洋裝 / Website：www.liujo.com

Liu Jo是創立於1995年的義大利品牌，短短幾年間，就已成為義大利年輕女性最喜愛的品牌之一。只要看到Liu Jo的服飾，就知道該季的流行風格。Liu Jo的服飾品質佳，而且讓人覺得它的服裝適合各種不同的場合。設計簡單俐落，又能顯出高貴、性感的女性特質。最近幾年，Liu Jo的配件，像是鞋子、包包、皮帶等，也相當受矚目。此外，它中上價位的定位，也是這個品牌能快速竄起的原因之一。另一個可與Liu Jo相比擬的品牌為Patrizie Pepe。

O Bag任搭彩包

Logo：O bag字樣 / Classic：自組搭包包及手錶 / Website：www.obagonline.com

O Bag是近年風靡歐洲各國的中價位品牌，主體設計風格為極簡現代風，但同時提供豐富的組搭款式，讓客人大玩組搭遊戲，自選包包的提把背帶、防水內帶及配飾，組構出具個人色彩的包包。

除了彩包之外，手錶及太陽眼鏡也是主打商品，同樣提供組搭配件。由於他們選用的材質易清潔且耐用，價格定位漂亮，商品好玩又實用，難怪快速成為歐洲熱門商品。

行李箱、休旅品牌大集合

義大利及歐盟國家有許多經典或新創行李箱、包包品牌，由於義大利當地定價原本就比較低，若再加上退稅，可以省下不少錢，因此許多遊客也會乾脆買個新行李箱，將戰利品通通打包回家。

The Bridge

1969年創立於佛羅倫斯的品牌，結合了義大利精湛的皮件工藝與英倫風的外觀，成就 The Bridge獨特的盎格魯—托斯卡尼的特殊風格

(Anglo-Tuscan)。而現在皮件常見的亮皮設計，也是 The Brdige的創新發明。這個老皮件品牌除了以醫生包及皮夾著稱外，皮件式的旅行包，也相當有質感。

Mandarin Duck

1977年創立的休旅品牌，許多包款對於男性來講可說是百搭，例如皮質騎行包，就連穿西裝都很適合背，近年也常出現在韓劇中。

功能性高的Postino系列包最受歡迎，不過Mandarin Duck主打商品還是行李箱，一向以機能性高、輕又耐用聞名，而且也是首家讓皮件更多彩化的品牌。

RIMOWA

德國最著名的行李箱品牌，義大利主要城市，如羅馬、米蘭(艾曼紐二世走廊附近)、佛羅倫斯(Ferragamo總部附近小巷)也都設有專賣店，與德國差價不大，又可退稅，因此也是遊義旅客最愛購買的商品。

Alviero Martini 1ᵃ Classe地圖包

Alviero Martini 於1991年創立於米蘭，以地圖印花設計各種休旅包，後來又拓及時裝、鞋子、配飾，品牌識別度相當高。

Bric's

1952年創立於米蘭的休旅品牌，商品設計在現代風格中，帶出古典的優雅，因此也受到黛安娜王妃及凱特王妃的青睞。最經典的為Life系列行李包，外觀看起來就像小羊皮，其實是防水的超纖PVC材質。行李箱則以Bric's BELLAGIO系列最為經典，典雅的外觀設計，太吸睛。

Eastpak

美國的運動背包品牌，在義大利也普遍可見，背包式旅行箱很受義大利年輕人喜愛，款式設計也多樣。

中低價位及貼身衣物品牌

　　義大利主要城市總有一兩條街道林立著各個年輕平價商店，以下介紹幾個較具特色的當地及其他歐洲品牌。

中低價位品牌

Benetton

　　義大利國民品牌，以多彩系設計聞名，很推薦簡單的棉T及開襟衫這類的基本款，有質感又保暖，近年也推出實用的輕質肩包及背包。

Promod

　　平價的Fast Fashion品牌，款式總帶點清逸的時尚風格。

Sisley

　　班尼頓的家族品牌，女裝性感時尚，男裝則簡潔俐落又不失個性。

Comptoir des Cotonniers

　　質感相當棒的法國品牌，完美呈現現代都會的優雅。

Superga

　　義大利老牌帆布鞋，明星鞋款 Style 2750是許多大導演、明星的愛鞋。

COS

　　H&M集團新創品牌，設計簡單純淨。另一個較為年輕的副牌是&Other Stories，內衣好穿、樣式美。配件也相當熱門。

Lazzari

　　新興的年輕品牌，以高品質的材料、縫製細節，做出時尚有質感的商品。樣式甜美優雅，連泳裝設計都很有趣。

童裝

　　義大利人相當寵愛小孩，因此童裝設計也相當用心，樣式選擇非常多，近年精品名牌也相當用心經營童裝系列。

貼身衣物品牌

　　義大利近年有幾個貼身衣物品牌也急速拓店，絲襪、內衣、泳衣的設計都比台灣還要多樣而且時尚，很值得購買。

Goldenpoint

　　可買到設計別緻的內衣、泳裝，花絲襪的樣式也很多，屬中上價位品牌。

Calzedonia

　　襪子專賣店，尤以樣式花俏又具時尚感的絲襪著稱，也可買到一些特殊材質的內搭褲。

Tezenis

　　最近快速崛起的平價內衣品牌，以棉質內衣褲為主。男、女貼身衣物都呈現出舒服的風格。內衣及內褲約5歐元起，家居服及泳裝也算平價。

La Perla

　　義大利最知名的貴族內衣品牌，設計高雅、性感，當然價位也較高，不過品質相當受到肯定。可找到適合高級服飾的貼身衣物、絲綢睡袍及無痕蕾絲內衣等。除了一般內衣外，還有高級手製禮服、香水、比基尼、高跟鞋等頂級產品。

Intimissimi

　　設計及剪裁都相當舒適，有許多甜美花色，屬於較平價的內衣品牌。除了內衣之外，還有睡衣、比基尼泳裝，襪子花色也相當多。

義大利泳裝的設計較多樣

家具品牌

義大利設計長才不只在服飾上，居家用品也是實用又美觀。

Bialetti

幾乎每個義大利家庭都有一只摩卡壺，而這款咖啡壺設計，就是1919年義大利北方小鎮的Alfonso Bialetti打造出來的。後來生產線擴展，讓Bialettie鍋具也成為義大利人廚房中不可或缺的品項，例如耐用、耐刮、不沾鍋的羅美石鍋(花崗岩)。現在義大利各大小城市均可在主要購物街上找到專賣店，店內商品是越來越多樣化了。

SMEG

1948年創立的的品牌，其經典的50年代復古設計，可謂義大利家電美學的No.1，成為全球最潮的電器品牌。雖然超美的冰箱很難搬回家，不過電熱水壺、烤麵包機、攪拌機，倒是還在能力範圍內。

Alessi

Alessi來自義大利北部Orta湖畔。1921年時，曾赴德國學藝的銀匠Giovanni Alessi創立Alessi品牌，並以他精湛又完美的手工技藝，製造出許多精美的家庭用品，也因而讓Alessi的名氣越來越大。不過Alessi的大轉變應該是30年代以後，第二代的經營者Carlo Alessi開始在生活用品上加入設計，以義大利人獨有的美學信仰「Bella Figura」(美形主義)為設計哲學，再以人性化的實用設計為主軸。

1950年以後，Carlo的弟弟Ettore加入，開始和各大知名設計師合作。而1970年代第三代的Alberto等人接手後，為Alessi的設計注入一股新血，設計更加天馬行空，大膽地與許多極具話題性的設計師合作，法國設計師Philippe Starck就是其中最佳代表，與Alessi擦出許多令人讚嘆的火花。Philippe Starck所設計的水壺，早已是設計史上的經典產品。

時至今日，Alessi已經和200多位建築師與藝術家合作過，幾乎20世紀所有知名的設計師，都名列其中，像是Richard Sapper、Achille Castiglioni、Ettore Sottsass(5070系列調理組)、後現代建築運動代表Michael Graves(快樂鳥水壺)、Aldo Rossi(咖啡壺)、Marc Newson、Enzo Mori等人。Alessi也成了名副其實的「設計夢工廠」，各種設計點子，都可能呈現在Alessi的設計產品上。(購物資訊請參見P.188米蘭Alessi旗艦店及P.190 La Rinascente百貨)。

義大利必買特產
Local Specialty

葡萄酒

義大利每一區的風土特色差異大,即使像同在托斯卡尼的Montacino及Montepulciano相距僅約35公里,但土壤、氣候種植出的葡萄品質還是不一樣。

義大利葡萄酒中,最高級的葡萄酒為DOC及DOCG兩個等級。標上DOC及DOCG的酒表示只使用該限定區域的葡萄釀造,這些葡萄需要依照規定的方式栽植,且具有該區域特有的風土特性。酒的釀造方式也需要嚴格遵從該區的傳統方式,例如葡萄品種混合的比例、發酵方式等,當然,也必須通過嚴格的品質把關才得以上市。DOCG也一樣,只是把關標準更為嚴格。

不過一般來講,義大利的餐酒品質都不錯,某些酒莊反而不追求認證,喜歡以自己的一套方式種植及釀造葡萄酒,其中也不乏傑出酒款。選購時,只要是自己喝了喜歡的,就是好酒。

DOCG標誌

義大利酒4等級

1.日常餐飲酒Vino da Tavola(V.D.T)

這個等級的葡萄酒,標籤上不需標明產地、年份等訊息,只需標示酒精含量及酒廠。很多小餐館會使用這種酒,大部分選酒都相當精采。

2.地方餐酒級Indicazione Geograficha Tipica(I.G.T.)

這個等級的酒只是沒有按照嚴格的規定標示生產方式,其中也有很多便宜又好喝的葡萄酒。

3.法定產區級.Denominazione di Origine Controllata(D.O.C.)

用來釀酒的葡萄必須是某個特定產區核准種植的品種,且該葡萄酒的生產與製造過程須符合DOC的嚴格規定。

4.保證法定地區級Denominazione di Origne Controllata Garantita (D.O.C.G.)

DOC級產區中受到最嚴格的生產過程把關(例如採收標準、混釀比例、釀造及裝瓶等),為最高等級的葡萄酒。

現在許多酒莊也提供住宿服務,也可在酒莊內品酒及品嘗當地美食

具代表性的義大利酒

義大利各區所產的葡萄酒各有特色，超市裡的酒琳瑯滿目、價格又合理。但到底該買什麼酒呢？以下簡單整理一些較具代表性的義大利酒供大家參考。

酒名
酒廠
年分
產地
等級

最頂級紅酒	酒王Barolo、酒后Barbaresco
最經典紅酒	Chianti Classico，所謂的Chianti Classico金三角是指托斯卡尼Castellina、Radda、Gaiole這三個村莊之間。托斯卡尼南區還有Vino Nobile di Montepulciano貴族酒及Brunello di Montalcino蒙塔奇諾葡萄酒
白酒	Soave、Vernaccia di San Gimignano DOCG白葡萄酒、Verdicchio白酒
最有個性	西西里Marsala加烈葡萄酒，香氣層次豐富
最著名	藍寶基尼葡萄酒、Villa Santi的Opere Trevigiana這款氣泡酒為教皇、義大利總統府、歐盟高峰會的供應酒
頂級氣泡酒	Franciacorta傳統香檳釀法的DOCG頂級氣泡酒
平民香檳	Veneto省的Prosecco氣泡酒
微氣泡酒	清爽順口Moscato d'Asti及Asti Spumante
義式白蘭地Grappa	只有以酒渣蒸餾，且在義大利生產的才能稱為Grappa
風乾後釀造酒	Amarone干紅葡萄酒
Vin Santo甜酒	Vin Santo是托斯卡尼這區著名的甜酒，將葡萄放在稻草上風乾後再釀造，以Montepulciano產區最為著名。義大利人會拿Cantucci這種硬的杏仁餅乾沾甜酒當飯後甜點吃

（製表／吳靜雯）

義大利氣泡酒

義大利人習慣將氣泡酒Prosecco當餐前酒，口感清新、又富含果味，因此許多旅館的迎賓飲料、甚至在精品店購物時，招待的酒飲也會選擇氣泡酒，讓人開心、開胃、也開荷包。另一款廣受消費者歡迎的，則是Moscato D'Asti氣泡酒。

義大利最著名的為Valdobbiadene DOCG產區的氣泡酒，米蘭北部所產的Franciacorta堪稱義大利頂級氣泡酒，釀造方式與法國傳統香檳相同。而北義山區則以La Crotta di Vegneron高海拔氣泡酒

著稱。這區的酒適合搭配Vallee d'Aoste Fromadzo辣味起司，及適合當甜點的Reblec軟起司。

Villa Mosconi-Bertani酒莊參觀

位於維諾娜郊區約15分鐘車程的Villa Mosconi-Bertani，為北義Veneto地區最重要的葡萄酒莊之一，主要生產這區最重要的Amarone及Valpolicella Classica酒 (Valpolicella意為Valley of Cellars，酒窖之谷，為繼奇揚地Chianti之後，義大利境內最多DOC酒的生產地)。

Amarone是一種烈酒，但是Bertani處理葡萄的方式非常溫和，葡萄自然風乾，不強加壓榨，因此釀製出來的Amarone酒風味更為豐厚，酒入口後，一股特別的香氣環繞在唇齒間，相當迷人。

酒莊為一棟18世紀的優雅別墅，曾為貴族居所，內部裝潢美輪美奐，散發高雅氣息。一踏進大廳即可看到天花板上美麗的溼壁畫，2樓迴廊以典雅的雕像裝飾，轉進餐室則滿盈著富麗堂皇

的氛圍，為最佳的品酒廳。

平時可預約參觀酒莊，5月時各酒莊會大開門，歡迎大家參觀，而8月仲夏夜則會舉辦星光品酒會。喜歡健行者，北義到瑞士還有一條葡萄酒園健行之路。

地址：Localita Novare, Arbizzano di Negrar 37020 VR Italy
電話：(+39)045 602 0744
網址：www.mosconibertani.it
交通：可由維諾那火車站搭21、93、101、103、104、105、107號公車到Arbizzano站
導覽預約：可透過網路預訂，網站有中文介面

Bertani最著名的Ama-rone及 陳年古董酒
其白酒與紅酒

左：9月底、10月初參觀酒莊可看到這樣的葡萄採收景象 右：還可進入老酒窖聞香。右上：小團體還可預約在這古典的酒莊餐室品酒用餐(以上圖片提供 / Villa Mosconi-Bertani)

INFORMATION
黑雞標誌與黑雞之路

位於佛羅倫斯與西耶那之間的Chianti地區，人稱「黑雞之路」(公路SS222)，因為Chianti Classico所認證的酒在瓶身標有「黑雞」標誌，以免其他地區的酒商使用。在蜿蜒山路旁，不時會看到豎立著「黑雞」的牌子，讓不小心闖入的遊客知道，現在你正走在黑雞之路喔！這區的酒莊相當多，除了有取得Chianti認證的酒莊之外，還有一些不想加入認證的酒莊，堅持依照自己的方式，釀造出令人回味無窮的好酒。所以除了一些享富盛名的酒莊之外，還有許多有待你來開發的好酒！若到托斯卡尼，也推薦參觀獲建築獎肯定的酒莊Marchesi Antinori。

Chianti的黑
公雞標誌

義大利必買特產

葡萄酒醋

紅酒醋Balsamico

Choice：Aceto Balsamico Tradizionale di Modena
How：印有「Aceto Balsamico Tradizionale」的字樣
Where：Modena及Reggio Emilia地區
Website：www.acetobalsamicotradizionale.it

醋莊內的小帥哥帶我們摘取葡萄後，新鮮現榨

　　義大利最著名的傳統食品紅酒醋(Balsamico)，是既健康又香醇美味，嘗過50年的老酒醋、參觀過那滿室芳香的老醋莊後，只能讚嘆：唯有義大利人對美食的堅持，才能創造出這樣的純品！

　　紅酒醋在中世紀時就已經很重要了，不過真正開始受重視是在拿破崙占領北義時。據說當時發不出軍餉，便以醋來抵付給高階軍官，可見當時醋是相當有價值的東西。

　　義大利紅酒醋主要分為Aceto Balsamico Tradizionale，也就是直接由新鮮葡萄汁來發酵的傳統紅酒醋，以及由酒發酵的Aceto Balsamico Commerciale商業紅酒醋，一般餐廳使用這種醋。目前傳統紅酒醋只產於中義的Modena及Reggio Emilia這兩個地區。

　　傳統酒醋以Trebbiano Modenese、Lambrusco、Lancellotto這三種白葡萄種發酵。摘下葡萄後，新鮮現榨，再將葡萄汁及葡萄渣一起放入大鍋內攪、擠、滾煮

傳統的紅酒醋是純粹以新鮮的葡萄汁釀製的

24小時，而且最高溫只能保持80℃。然後靜放沉澱3個月，讓它從100公升變成60公升。之後放進木桶，而木桶的木質，也是決定酒醋香氣的關鍵。在釀製的過程中，有時放在櫻花木桶裡，讓紅酒醋的果香更濃厚；有些時候則放在橡木桶內，加深紅酒醋的顏色；如果想讓紅酒醋的木頭香較重一點，還會放到栗子桶或桑椹桶裡。

放在木桶發酵、熟成後，紅酒醋會慢慢從木桶濾嘴流出，每年再放前一年的1/10到較老一年的木桶中。因此，在釀醋室裡，最大桶是較年輕的酒醋，最小桶就是釀造最久的紅酒醋。而醋師決定紅酒醋的年份，也是以最小的木桶年份來算。

釀醋室都是設在屋頂閣樓，因為夏天的高溫有助於酒醋發酵，冬天的低溫則可以讓酒醋濃稠。釀造好的紅酒醋只要放在玻璃瓶內，不需要特別擔心瓶蓋關緊、要不要放在冰箱，或太過悶熱會影響品質等，唯一要注意的是不要放在味道較重的香料旁就可以了。這種古法釀製的紅酒醋永遠

每年把酒醋移到更小的木桶中，並讓酒醋在不同種類的木桶中，以吸取不同的木香

都不會過期，並不需在意瓶身上所標示的過期日。

由於Modena是產醋的重地，因此這裡的家族還有個有趣的習俗。嬰兒出生時，會釀製新醋，一直陳釀到這位小嬰兒長大成人，結婚成家時才裝瓶當作結婚禮物。聽了深深覺得，這真是一份有意義的珍貴好禮啊！

INFORMATION
紅酒醋辨別訣竅

真正的紅酒醋濃稠，完全由葡萄自然釀成，不加任何糖漿或其他添加物。如果成分內有放糖漿(Caramello)及色素的，就是Aceto Balsamico Commerciale的紅酒醋，不是傳統紅酒醋。過世的義大利國寶級人物——Pavolotti(帕華洛帝)也是Modena人，由於紅酒醋對喉嚨很好，據說這是Pavorotti生前最愛的食品之一。

標籤字樣決定品質

一般傳統紅酒醋都要通過嚴格的檢查才能標上「Modena出產」，經嚴格品質控管認證的酒醋則會貼「DOP」，而且標籤是協會統一設計，各家酒醋不可以隨便亂貼。

標籤顏色判別年份

酒醋會以包裝上的標籤顏色來代表年份，

Modena地區以鵝黃色標籤代表12年醋(約60歐元)，金色代表25年醋(約90歐元)；Reggio Emila則分三種標籤：紅色12年、銀色18年、金色25年。醋莊一年的產量不到100瓶，因此每瓶酒醋都相當珍貴。而有些醋莊還有50年老醋(約150歐元)，這可是需要從爺爺的年代就開始釀製。並不是每家醋莊都有這樣的老酒醋，像這次採訪的Villa San Donnino的50年老酒醋，只能到當地或由網路訂購。

金色　鵝黃色

Modena醋莊參觀

很推薦大家預約參觀醋莊，會是相當特別的體驗，現可在www.visitmodena.it網站或醋莊官網預訂。團體也可以請醋莊安排試吃會，除了酒醋之外，還可以品酒、品嘗這個區域所產的上等起司、義大利臘肉、臘腸。

這次特別請Modena的酒醋協會推薦當地最棒的醋莊，協會為我們推薦「Villa San Donnino」，讓我們體驗了一次難忘的醋莊之旅，比想像中的有趣多了，相當值得推薦。

親切的醋莊老闆首先詳細解說釀醋過程，並讓我們進入那滿室芳香的釀醋室，醋香撲鼻而來，真是醋不醉人，人自醉。之後品嘗各年份的酒醋。不但獲得了寶貴的知識，更參觀了曾經是電影《1900》拍攝場景的優雅宅邸，真是一趟獨特的義大利美食文化之旅！

地址：Strada medicina 25/1, Cap 41100 San Donnino, Modena
電話：(+39)340 2579734
網址：www.villasandonnino.com
預約：可直接在醋莊官網或預訂參觀
交通：搭火車到Modena火車站，轉搭計程車或自行開車

以純酒醋釀製的醋醬，完全沒有加任何糖分

老醋莊美麗的宅邸

INFORMATION
紅酒醋食用方法

A.沙拉淋醬
紅酒醋最常見的是淋在沙拉上食用，義大利人吃沙拉只加健康的橄欖油及紅酒醋。

B.水果或甜點淋醬
長時間陳釀的紅酒醋，味道香醇，因此也有人會淋在草莓或冰淇淋上食用。

C.飯後消化劑
古代的王公貴族總是飯後食用一湯匙頂級紅酒醋，幫助消化。

D.感冒&止肚疼良方
Modena地區的家庭則是在喉嚨痛、肚子痛時會吃上一小匙。

用量
用於烹煮時：先試酸味，再決定加入的量。
淋在肉上時：肉先盛放在盤子後，再淋上紅酒醋。
飯後食用時：一小糖匙量。

好用的酒醋瓶設計

橄欖油

橄欖油是眾所皆知相當健康的一種食用油，而義大利橄欖油的品質相當好，選擇多樣，是很值得購買的義大利特產。

好的橄欖油酸度越低越好(最頂級的橄欖油酸度不超過0.8%)，若要榨出低酸度的頂級橄欖油，必須以冷壓的方式，並盡量縮短油停留在水中的時間。好的橄欖油當然就是特級初榨橄欖油(Olio Extra Vergine d'Oliva)，因為第一次榨油時，橄欖裡面一些對人體有益的成份也會一起榨進油裡。這些成份對於心臟、抗衰老都非常有益。

雖然各產區的橄欖油都有優質橄欖油，不過一般來講，托斯卡尼地區的橄欖油品質最好，主要是這裡的橄欖在還未熟透落地前，先以人工採收，且不像南部放那麼多橄欖葉進去(所以南部的油比較綠)，只放橄欖總量的4％，因此一榨好即可馬上食用，不需像南部的油要等上2～3個月。

怎麼品嘗橄欖油？

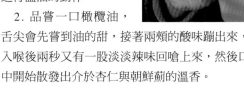

品優質橄欖油並不覺得膩口，還相當有趣呢。方法如下：

1. 一手握著杯底，一手蓋在杯口慢慢搖晃，先進行溫油的動作。

2. 品嘗一口橄欖油，舌尖會先嘗到油的甜，接著兩頰的酸味蹦出來，入喉後兩秒又有一股淡淡辣味回嗆上來，然後口中開始散發出介於杏仁與朝鮮薊的溫香。

小訣竅
品嘗不同的橄欖油時，最佳的清口方法是「吃蘋果」。

INFORMATION
橄欖木砧板

義大利的老橄欖樹，總是有種智者的姿態，在聖經裡也象徵著和平的意思。

義大利橄欖樹量多且質優，拿來做砧板的多為100～300年的老橄欖木，因為經過漫長日曬雨淋的成長過程，以及本身的高油特性，成就相當堅硬、防水、又不易發霉的木質，因此切菜時較不會有木屑，即使有，也是天然材質，吃進肚比較不擔心。實木切菜的回力與其他材質很不一樣，許多家庭主婦用上了就愛不釋手；再者，老橄欖木的樹紋相當耐看，每塊都是獨一無二的產品。

建議買整塊橄欖木裁切而成，不含拼接部分，較不會有含化學物質或用久了會分解的問題。義大利各城的生活雜貨店多可買到。

買油時如何辨別品質？

1. Olio extravergine di oliva：初榨橄欖油，營養成分最高。

2. 看標籤上榨油的地點跟橄欖產地的距離，最好是在同一個地區，如果距離太遠，很難保證橄欖鮮度及品質。另可看標籤上是否標有DOP的字樣。

3. 標有歐盟的Bio有機標籤，表示它從種植的土地、方法都是採較無汙染的有機方式。

4. 最簡單的方式就是從價錢判斷，一般好油應該是10歐元左右。

橄欖油標籤資訊

以下教你如何從標籤知道品質，選購優質橄欖油。

(製表／吳靜雯)

標籤資訊	說明
Olio extravergine di oliva	初榨橄欖油，不經任何化學處理，且酸度低於0.8%
Monocultivar(單一品種) Multicultivar(混合品種)	Monocultivar是指單一農場採收的橄欖榨成的，Multicultivar則是根據經驗混合不同的橄欖，調出不同風味的橄欖油
等級	依酸度而定，酸度低於0.8%的才能標為Extravergine，否則為Vergine或Ordinary Vergine
名稱	商標品名
DOP或IGP品質認定標示	在特定區域製造，且依該區規定的方式製造的高品質產品
產地	每個區域的橄欖油風味略微不同

各產區橄欖油的差異性

(製表／吳靜雯)

產地	說明
托斯卡尼 Toscana	較有果實風味，並帶點辛辣感
溫布里亞Umbria	同樣帶果實風味，但較為醇厚
北義利古里亞 Liguria	清新的溫和香氣，不辣或苦
南義普伊亞 Puglia	最大產區，口感溫和，不特別苦或辣
南義卡拉布里亞 Calabria及西西里島Sicilia	味道較為豐富、個性鮮明

添加松露的
初榨橄欖油

起司Formaggio

Choice：Parmigiano Reggiano
How：印有「DOP」檢測標示及標明日期者
Where：帕拿馬、超市、雜貨店
Website：www.parmigiano-reggiano.it

雖然東方人的體質不見得都適合吃起司，不過起司可是義大利美食中的重要角色，無論是前菜、義大利麵、披薩或任何料理，幾乎都用得到起司。而喝葡萄酒時，配上適當的起司，更增添葡萄酒的風味。義大利小朋友還喜歡拿著蜂蜜淋在新鮮的Ricotta起司當點心吃。

硬起司

義大利最著名的帕瑪森起司(Parmigiano Reggiano)，通常要14個月~2年的熟成時間，好的起司更是需要3年以上。這裡出產的起司都要經過身分驗證(DOP檢驗)，通過檢驗的起司，會清楚標明生產日期。台灣進口的帕瑪森起司要價不菲，喜歡起司的人，可以從義大利多帶些回國。

半硬質的起司

最著名的為北義的貝爾帕耶斯(Bel Paese)，外殼雖較硬，但內部的起司卻是香濃、滑順的軟起司。適合直接抹在硬麵包或餅乾上吃，另外也很適合配上清涼的啤酒或葡萄酒喔！

義大利必買特產

軟起司

　　莫札瑞拉(Mozzarella)常見夾在義式三明治(Panini)內，或者做成簡單又好吃的番茄起司前菜。另一種是口感較綿密的瑞可塔(Ricotta)，清爽的味道，很適合與香草、大蒜或果醬食用。鹹的瑞可塔(Ricotta Salata)，可刨絲撒在義大利麵上。最後一種，喜愛吃提拉米蘇的人應該都很熟悉它的味道——瑪斯卡彭內(Mascarpone)全脂起司，香濃的牛奶味，口感綿密、順滑。北義利古里亞的史特拉奇諾(Stracchino)也是相當美味的一種軟起司。

藍起司

　　北義大利的戈爾根佐拉(Gorgonzola)是世界三大藍起司之一(另外兩大為法國的Roquefort及英國的Stilton)。在製造過程中將青黴的孢子灑在凝固的牛奶上，再用針刺成小孔，讓它能與空氣接觸，慢慢與起司凝結在一起，形成美麗的藍紋。

煙燻起司

　　Pecorino Nero，將樹的灰燼跟橄欖油脂蓋在起司上面，放在地洞內熟成。這種起司有一種獨特的香味，所以也有人直接當甜點吃，配上一點蜂蜜(栗子花蜜Castagno最適合)或者橘子醬就很好吃了。也可以飯後來一點Vin Santo這種淡酒，配上Pecorino Nero起司後，更能引出起司的風味。

海鹽Sea Salt

Choice：最頂級的Sale Camillona或西西里的Trapani海鹽
How：嘗起來不會澀的海鹽
Where：除了雜貨店、高級食品店及超市之外，有機商店也是購買海鹽的好地方

　　天然海鹽也是義大利的特產之一，其中最頂級的應該是產於Cervia海域的Sale Camillona。這種鹽巴吃起來特別不澀，所以常用在巧克力料理中，教皇吃的就是它。不過由於製造方式比較繁複，所以最近產量很少，因此價格相當昂貴。

　　想要以較便宜的價位購買健康天然的海鹽，也可以選購西西里島Trapani海域所產的海鹽，這種海鹽也富含各種天然礦物質，不像精製鹽只剩下氯化鈉而已。

火腿Prosciutto

Choice：知名度No.1 Culatello di Prosciutto前腿肉火腿, No.2東北義的San Daniele火腿
How：正統的帕拿馬火腿烙有皇冠標記，經過帕拿馬火腿協會(Consorzio del Prosciutto di Parma)
檢測通過者印有「DOP」字樣
Where：帕拿馬、超市、食品雜貨店
Website：www.prosciuttodiparma.com

掛滿火腿的三明治店　　　　義大利生火腿Prosciutto常是這樣一腿腿的掛在店裡賣

Prosciutto原文是來自於拉丁文的「Perexsuctum」，也就是「完全乾燥」的意思。因為義大利火腿就是抹上鹽巴後，自然風乾與熟成。此外，義大利火腿還分為Prosciutto Cotto及Prosciutto Crudo兩種。前者是指熟的火腿，也就是英文中的「Ham」，而後者為生的火腿，也就是一般常講的「Parma Ham」(帕拿馬火腿)。為什麼稱為Parma Ham呢？因為義大利火腿中，以Parma這個城市所做出來的火腿最為正統。

做火腿的豬肉來自於以大麥、粟米及做起司留下的漿養大的豬，而且只用9個月大、150公斤左右標準體型的豬隻喔！此外，抹上的鹽巴，必須是天然海鹽，這樣的味道才豐富、健康。鹽巴還分為濕鹽與乾鹽，濕鹽是抹在表皮，而乾鹽則

超市也可買到美味的火腿凍　　巨大的Mortadella火腿，應該也是台灣人比較吃得慣的口味

抹在肉的部位。再者，火腿一定要放在10℃溫室中，才能在最佳環境下吸收鹽分及保持肉質鮮度。期間還要適時的按摩，讓肉裡的血水跑出來，且按壓時，要小心不可讓骨頭斷了。

火腿醃好後，將鹽巴沖洗掉，接著掛上3個月自然風乾，有些地方還會在風乾期間以木頭煙燻，讓肉質吸收木質香(這樣的火腿稱為

只要走進雜貨店，就可以買到各種優質義大利食材

火腿

臘腸

起司

美酒

熟火腿

乾食蕈菇及乾番茄

「Speck」)。最後還需要放在地窖熟成7個月。因此製成一條火腿，需要12～18個月的時間，傳統的火腿可是需要3年的時間！

正統的帕拿馬火腿可是有烙上皇冠標記，經過帕拿馬火腿協會(Consorzio del Prosciutto di Parma)嚴格把關的，通過檢測印有「DOP」字樣。其中又以作法繁複的前腿肉(Culatello)火腿最好。

當然，生火腿更是前菜的常客，將較不鹹的帕拿馬火腿薄片放在甜又多汁的哈密瓜上(托斯卡尼生火腿較鹹，不適合)，或者搭配葡萄酒或帕拿馬當地出產的Lambrusco汽泡酒，更增添其味覺層次。此外，生火腿或熟火腿也是披薩的主角之一，幾乎是每家披薩店必有的口味。

INFORMATION
選擇火腿的參考標準

義大利的火腿種類繁多，外銷最多的依序爲：

 1. 生火腿 Prosciutto Crudo

2. 臘腸 Salame

3. 火腿 Mortadella

然而，義大利人最愛吃的順序卻有點不同，依序爲：

 1. 熟火腿 Prosciutto Cotto

2. 生火腿 Prosciutto Crudo

3. 火腿 Mortadella

4. 臘腸 Salame

臘腸Salame

茴香臘腸
Finocchiona

義大利生火腿
Prosciutto Crudo

義大利熟火腿
Prosciutto Cotto

Choice：臘腸Salame、茴香臘腸Finocchiona
How：好的臘腸要按下去硬硬的、有扎實感，不會
軟趴趴的
Where：食品雜貨店、超市

「Sei proprio un salame」(你真是一條臘腸)，這是一句很好玩的義大利話，意思是指一個人個性散漫，跟什麼人都好，也什麼話都信。因為義大利以前習慣12月殺豬，將剩肉拿來做義大利臘腸，所以義大利臘腸其實是用各種不同的剩肉做成的，將各部位的豬肉集結在一起、綁成一條。

要怎麼分辨臘腸的好壞呢？可以試著按壓臘腸。好的臘腸要按下去硬硬的、有扎實感，不會軟趴趴的。義大利每一區所做的臘腸口味也不盡相同。米蘭地區的豬油碎碎小小的，托斯卡尼的豬油部分是粉紅色、也較大塊，這也是義大利最普遍可見的兩種臘腸。

一般臘腸必備的成分包括胡椒粉、香草、鹽、豬油，肉則分為野豬肉或鹿肉，香料方面依各區習慣而定，包括茴香、起司、高麗菜、辣椒、蒜頭、酒等。將肉跟香料放入腸子裡，蒸熟後自然風乾。至於判斷臘腸什麼時候好了、可以吃了，完全要看經驗。要試著壓壓臘腸，軟硬度剛剛好，不會太乾，也不會太濕。

在這些臘腸中，尤其想推薦托斯卡尼地區最受歡迎的茴香臘腸(Finocchiona)。在托斯卡尼前菜中，這幾乎是一定會看到的食材。它的名字直接以臘腸的主要成分——「茴香」命名，而且只採用山林間的野生茴香。也因為這重要的成分，讓這臘腸的風味獨樹一格，咀嚼之後，那風味真是令人回味無窮！

臘腸是越吃越有滋味的一種食物

茴香臘腸Finocchiona

醃過的肥油，很適合當佐酒菜

巧克力Chocolate

> **Choice**：Amedei頂級巧克力
> **Where**：Amedei巧克力沒有專賣店，可在各大機場及市區的雜貨店或百貨公司購買。例如：米蘭及佛羅倫斯的La Rinascente百貨公司食品區及機場、佛羅倫斯老雜貨店Pegna

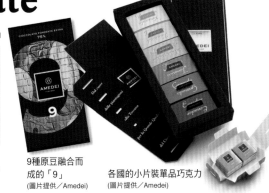

9種原豆融合而
成的「9」
(圖片提供／Amedei)

各國的小片裝單品巧克力
(圖片提供／Amedei)

說創立於比薩斜塔郊區的Amedei是巧克力界的LV，可是一點也不為過。

Amedei所採用的可可都是全球最頂級的，從種植到採收運送，完整控制品質。再加上Amedei的創辦人Cecilia Tessieri是位巧克力魔法師，以她高超的藝術手感及對巧克力的熱情，調配出許多令人讚嘆的作品。而且整個巧克力的製作過程也比其他品牌更為嚴謹，製程時間就是一般巧克力的4倍。首先幫原豆按摩，讓它的苦味散發出來，然後將各種原豆分開烘炒，接著以傳統石磨研磨，再經過72小時慢慢地加熱攪拌(一般巧克力只花8小時)，然後靜置20天熟成，讓可可的香味充分表現。經過這麼嚴謹的製作過程，Amedei巧克力的細緻度達到11微米，所以Amedei巧克力可說是入口即融。

吃Amedei巧克力的樂趣在於首先會感受到巧克力的輕甜味，接著是沁出來的果酸味，然後是可可的微苦味，最後慢慢享受餘留在口腔內的果香味。品巧克力時最大的驚喜是，明明是

相同成分比例、方法做出來的巧克力，差別只在於不同國家的原豆而已，風味卻絕然不同。例如格瑞納達的巧克力有種棗香味，委內瑞拉的巧克力則有股榛果香。而品嘗時若佐以紅酒或雪茄、或是一杯好茶，又會呈現出不同的風味，箇中滋味真是妙不可言！

Amedei產品中最著名的莫過於「Porcelana」，因為它100%採用珍貴的Chuao Criollo原豆製作，每年只生產2萬盒，每盒包裝還有自己的識別編號，號稱是巧克力界的夢幻巧克力！另外「Amedei 9」也是絕品，要將9種原豆融合在一起，不但需要多年的經驗與技術，還需要過人的品味才行。而Cecilia自己最喜歡的則是Toscana Black 70%，夜晚時分吃片Toscana Black，為一天畫下最幸福的句點。

◀巧克力界中的夢幻巧克力Porcelana
(圖片提供／Amedei)

▶Amedei風味溫純的白巧克力
(圖片提供／Amedei)

推薦 ▶ 都靈的夢幻手工榛果巧克力 Gianduiotto及Gianduja

Gianduiotto為都靈(Torino)著名的金色包裝榛果軟巧克力，這種巧克力至少含30%Piemonte這區產的頂級榛果醬，為Caffarel於1865年所發明的。最著名的兩家店為Guido Gobino(經典老店，大塊、口感較為黏稠)，及Guido Castagna(使用委內瑞拉珍貴的Chuao可可，榛果成分達40%以上)。

Rules
從容享受瞎拼的樂趣！

購物教戰守則

到各個不同風俗民情的國家購物，並不一定是老子有錢就可以當大爺，互相尊重才是購物的首要原則。如果能在義大利血拼之前，先了解一下義大利人的購物習慣，或許，單是在義大利購物時與當地人互動，就會是旅途中最棒的回憶喔！

義大利折扣季

義大利季末打折都有統一打折日期，夏季打折通常是7月第一個周末，冬季打折大約在1月l'Epifania主顯節的前一天1/5開始，為期約2個月，店面會貼上「Saldi」或「Sconti」的字樣。

大部分商店一下折扣就是5～7折，所以精品店門口及大眾商店結帳處都是大排長龍。有找到喜歡的精品最好趕快下手，之後尺寸就會越來越少。不過平價品牌(如Benetton)，連鎖店很多，尺寸相對比較齊全，時間許可的話，不妨等到5折再下手。

看到Saldi、Sconti、Vendita就是打折的意思

如果無法在折扣期間拜訪義大利，可以在行程中排個時間到Outlet撿便宜。

最近幾年義大利相當流行Outlet，幾乎所有大城市郊區都可找到大型Outlet，可買到3～5折的精品。

歐洲許多大型Outlet設計得像個美麗的小村莊

知名的Outlet都會有大品牌鎮店，義大利目前最知名的Outlet是佛羅倫斯郊區的The Mall，多為精品，靠近波隆那的Barberino Designer Outlet種類則較多樣。

BEFORE SHOPPING
出國前的血拼準備事項

☑ 出國前最好先確定信用卡使用額度及卡片的有效期限(在義大利有些店刷卡要出示護照)。

☑ 刷卡後保留單據，回國後可核對帳單。

☑ 長途旅行者，出國之前不妨辦理網路繳款服務，旅行時也可上網繳費或核對刷卡金額。

☑ 使用信用卡消費會多加1%的國際清算費。有些商家會問你要以台幣或歐元計價，以歐元計價較划算。

☑ 先逛逛國內的商店，記下想要購買的商品價位，如果國外價錢差不多就不需要大老遠提著同樣的東西回國了(不過義大利店面的貨品通常比台灣專賣店多)。

☑ 出國時，大的行李箱最好預留戰利品的空間，義大利的誘惑太多，並不需要帶太多東西過去，建議也準備一個可收摺的空袋子。

☑ 先查好想要購買物品的商店位址，不是每個城市都找得到所有品牌的專賣店。各品牌的官方網站都會詳細列出專賣店位址。

☑ 準備一張小卡片，寫好個人的英文姓名、英文住家地址及護照號碼，方便退稅填寫資料。

看懂義大利商店開店時間

mattino — 早上營業時間

pomeriggio — 下午營業時間

chiusura — 休息時間

lunedì martedì mercoledì giovedì venerdì sabato

哪裡買

> 義大利人較不習慣逛百貨公司,比較習慣逛「街」,每一家店都有自己的店面,展現自己的品牌形象。

各大品牌散步在城內的主要購物街,有點像百貨公司平面化,這逛起來有意思得多,還可順便看看街頭表演、在路上遇到友人聊聊天、逛累了坐在咖啡館看人休息。

認識義大利商場

1. La Rinascente

經過日本人的改造後,La Rinascente百貨更為精采,尤其是米蘭的分店,品牌最齊全,幾乎各大精品都有,可一次買齊退稅。頂樓還有可觀賞大教堂精緻雕刻的酒吧、食品超市。

米蘭的La Rinascente樓上的餐廳即可欣賞大教堂的精緻雕刻(照片提供／La Rinascente)

2. Excelsior

近年新開設的高級選品百貨,當季最潮的單品,只要來這裡就可一次買齊。

(照片提供／Excelsior Milano)

3. OVS

想便宜購物,OVS商場提供了許多平價服飾。

OVS是義大利的平價商場,可買到較便宜的服裝及飾品

4. Coin

Coin百貨不走精品路線,多為中價位品牌,但品質卻也都很棒。生活雜貨區也很值得逛。

義大利的中小城鎮,主要的購物街區大部分就是主教堂附近的街巷。而且通常大眾商品會集中在同一街區,精品街會集中在另一個街區。

市中心通常至少會有一個傳統市集,這裡可以找到新鮮蔬果及便宜的小吃、家用品、服飾。

主教堂

精品街區

平價品牌街區

傳統市集

精品街與平價品牌街區大都相隔不遠。

以米蘭來講,主教堂附近就可找到各種類型的購物街道

古城區較多老雜貨店,現代化的超市可往市中心邊緣或住宅區找。

INFORMATION
精品店購物規定

1. 如達到退稅金額,店員會請顧客填寫姓名及護照號碼、英文地址。要記得攜帶護照影本。(幾乎都有中文服務人員。)

2. 打折期間顧客較多時,會有警衛在門口控制人數,這樣服務人員才能一一為顧客服務,須耐心等候(通常不需要等太久的時間)。

購物6大注意事項

1.別碰！

義大利買東西最好不要隨便動手摸，尤其是蔬果攤，請告訴老闆你要什麼東西，讓老闆拿。架上物品都是老闆盡心擺得漂漂亮亮，如果弄亂了，老闆當然會不高興。

2.稍安勿躁！

在義大利買東西時要有耐心，店員一次只服務一位客人，也就是說當他還在幫其他客人打包，但還沒送走客人之前，就不會先服務其他客人，這也是對每位客人的一種尊重。

3.打聲招呼吧！

進店時，義大利人習慣會跟老闆打聲招呼，早上時就說「早安」(Buongiorno)，下午後就說聲「午安」(Buona sera)，離開時說「再見」(Arrivederci或Ciao)。

4.三思而後買！

街上有很多非洲人販售假貨，購買前請務必三思，如在海關被抓到，或被警察抓到你手拿著錢給賣家時，罰款會很高。街上有一些以慈善募款為名的小攤，不要理他們，大部分是騙人的。

5.站著比坐著便宜！？

到Bar買東西時，外帶或站在吧檯會比坐下來便宜。

6.東西方Size大不同喔！

東方人的身形與西方人不同，有些商品的尺寸須特別注意。例如：Ferragamo的赫本鞋，東方人最好選擇楦頭C或D，穿起來才會舒服。如果是朋友託買的，最好先查清楚最適合的尺寸。在店內可盡情詢問或要求試穿有興趣的商品。

尺寸換算表

*現在也有很多單位換算App，可下載在智慧型用品上，方便換算。

男 鞋						
台灣	74	76	78	80	82	84	86
美國	6 1/2	7	7 1/2	8	8 1/2	9	9 1/2
英國	6	6 1/2	7	7 1/2	8	8 1/2	9
義大利	39	40	41	42	43	44	45

女 鞋						
台灣	65-66	67	68	69	70	71	72
美國	4 1/2	5	5 1/2	6	6 1/2	7	7 1/2
英國	3	3 1/2	4	4 1/2	5	5	6
義大利	38	40	42	44	46	48	50

女裝／外套						
台灣	XS	S	M	L	XL	XXL	XXL
美國	0	2	4	6	8	10	15
英國	2	4	6	8	10	12	14
義大利	38	40	42	44	46	48	50

男性襯衫						
台灣	S	S	M	M	M	L	L
美國	14	14 1/2	15	15 1/2	16	16 1/2	17
英國	14	14 1/2	15	15 1/2	16	16 1/2	17
義大利	36	37	38	39	40	41	42

(製表／吳靜雯)

知名Outlet

The Mall

Special：Gucci、BV、Prada、Tod's、Tory Burch
Website：www.themall.it

地址：Via Europa 8, 50060 Leccio
　　　Reggello, Florence
電話：(055)8657-775
時間：每天10:00～19:00
交通：**1.**佛羅倫斯乘火車到Rignano Sull'Arno站，出
火車站後，下樓梯，到對街的小站牌等公車，約7分
鐘即可抵達。上車時跟司機說到The Mall，或者看到
Diesel的店後下車。多人一起前往也可直接在火車站
附近的Bar叫計程車，約5分鐘車程。
2. 由佛羅倫斯搭直達巴士SITA前往，巴士站位於火車
站附近(火車站內麥當勞另一側的出口過馬路，左轉走
到街角，右轉直走即可看到)。
3. 兩人以上可預約到旅館接客，每人35歐元。
4. 若計畫旅遊托斯卡尼或繼續逛Barberino Designer
Outlet者，可考慮自行租車，有免費停車場。

悠閒的逛街氣息

Tod's 的豆豆鞋

　　到義大利買精品最划算，The Mall Outlet主攻
的就是各大精品，因此成了遊客撿便宜的首選。其
中以Gucci、Prada這兩家規模最大，Gucci也設有
Gucci Cafe。
還有Armani、
Alexander
McQueen、
Balenciaga、

Tory Burch鞋款及包款選擇還蠻多的

Bottega Veneta、Burberry、Coach、Diesel、
Tom Ford、Valentino等，近年另闢兩個區域，
設有餐廳及好穿的Tory Burch鞋子品牌。以
往只有Global Blue退稅櫃台，現在Premier
Tax Free也設點，退稅更加方便。

Space-Prada Outlet

Special：鞋及皮夾

地址：Localita Levanella, 69 Montevarchi
交通：佛羅倫斯S.M.N.火車站乘火車前往Montevarchi
站(車程約1小時)，再轉計程車約10分鐘可抵達

　　義大利最大的Prada／Miu Miu Outlet，暢貨中
心裡擺滿各種Prada及Miu Miu過季商品。鞋款及

尺寸較齊全，有一
些不錯的皮包與皮
夾。這裡真的有點
偏僻，自行開車者
可考慮過來，否則建議到The Mall購買即可。

波隆那

Barberino Designer Outlet

Special：精品及家用品
Website：www.mcarthurglen.it

地址：Via Meucci snc 50031 Barberino del Mugello
電話：(055)842-161
時間：週一～日10:00～20:00
交通：**1.開車**：由佛羅倫斯上A1高速公路，Firenze - Bologna段，由Barberino di Mugello出去，全程約30公里。
2.搭車：從佛羅倫斯S. Maria Novella火車站有購物巴士，發車前15分鐘在火車站內16號月台的巴士標牌前集合，車程約40分鐘。去程為09:30、11:30、14:00、16:00，回程為13:00、15:00、18:00、20:00。來回票價13歐元。

全球最大的Outlet連鎖店

佛羅倫斯城外另一家大型暢貨中心，所有的規畫與設備都相當好，讓人有種在小村莊悠閒逛街的感覺。商品不只頂級名牌，還包括中價位品牌

和生活雜貨。

這裡約有200家商店，包括著名的服飾品牌Prada、Dolce & Gabanna、CK、Coccinelle、Furla、Gas、Patrizi Pepe、Pinko、Desigual等，還有些不錯的家用品(Bialetti咖啡壺)、香水店及運動用品店。集團其他分店還有威尼斯Noveneta di Piave Designer Outlet，羅馬Castel Romano Designer Outlet，米蘭Serravalle Designer Outlet。

瑞士邊境

Fox Town Factory Outlet

Special：Bally、Bric's、Burberry
Website：www.foxtown.com

地址：Via A. Maspoli 18, Mendrisio, Switzerland
電話：+41(0)848-828-888
時間：11:00～19:00
休息：1/1、復活節、8/1、12/25～26
交通：可由米蘭史豐哲城堡前搭專車前往，每天第一班10:00出發，約11:15抵達，回程會停在邊境海關處讓乘客蓋退稅章，約17:15回到米蘭市區。另一班下午13:00出發，回到米蘭約20:45。來回車票為20歐元。

Zani Viaggi旅行社
地址：Largo Cairoli / Via Cusani 18 (地鐵1號線Cairoli站)
電話：+39 (02)867-131
網址：www.zaniviaggi.it

前往暢貨中心的接駁專車

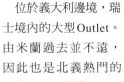

位於義大利邊境，瑞士境內的大型Outlet。由米蘭過去並不遠，因此也是北義熱門的購物中心。約為30～70%的折扣，包括知名的Burberry、Gucci、Prada、Bally、Etro、Dior、Pepe Jeans、Sperga、Replay、Diesel等品牌。除了服飾，還有香水、家用品、雜貨等。

該怎麼退稅

退稅需知

義大利退稅率

　　義大利退稅約是12.5%，雖然退稅門檻比較高，需超過155歐元，但與其他歐盟國家相較之下，退稅比率算是較高的。

義大利退稅公司

　　Global Blue：合作商店最多、退稅效率最高，且可下載「環球藍聯」手機APP，搜尋退稅商店、退稅地點、追蹤退稅進度及退稅機場規定。Website：www.globalblue.cn/tax-free-shopping/italy/

　　Premier Tax Free：BV是跟這家退稅公司合作的，市區退稅的服務通常蠻好的。Website：premiertaxfree.com

　　Tax Refund：義大利退稅公司，合作商店相對較少些。Website：www.taxrefund.it

不同的退稅公司有不同的商標及辦理櫃檯

哪裡辦理退稅？

　　建議大家先在市區辦理退稅，到機場退稅處可走Fast Lane快速通道，節省等候時間。

　　市區退稅：各大城市的主要購物街區匯兌處(Cambio)、百貨商場、Outlet 大多設有市區退稅

櫃檯，市區退稅的優點是可以先拿到退稅現金，節省到機場辦理退稅的時間，但到機場時，還是要記得將退稅單交給櫃檯，否則會從市區退稅時留存的信用卡扣回退稅金額，並加上罰款。有些

市區退稅的標示

高單價的商品，櫃檯人員會請你持未使用過的商品到海關處取得海關蓋章。

　　高單價商品(如高級手錶、珠寶)，務必保留單據及保證卡，海關有時會要求查看。

　　機場退稅：於離開歐盟國家的最後一個機場辦理(包括英國，在英國未正式脫離歐盟前，仍可辦理)。

其他退稅提醒

　　1. 機場退稅排隊人數通常很多，最好提早3～4小時抵達機場，因為除了退稅外，還要排隊辦理登機手續＋排隊過安檢＋排隊過護照檢查處。如果真的來不及，還是以搭飛機為優先考量。

有時候會遇到很多人排隊等著海關(Custom)蓋章退稅，最好提早抵達機場，預留退稅時間

2. 在市區先辦理退稅者，記得到機場後，到退稅公司櫃檯繳交退稅單，否則會從信用卡扣回退稅金額及罰款。

3. 所有精品名牌的商品，大多還是米蘭店面的樣式最多、最齊全，例如BV。

在米蘭精品街購物者，若是Premier退稅公司的單子，可到Montenapoleone街23號辦理市區退稅，外面雖沒有任何招牌，但別懷疑，走進去就會看到辦公室了，服務人員還蠻有耐心的。

4. The Mall Outlet現金退稅，必須是退稅之後7天內離境，若超過這個天數者，就不需花時間去排隊退稅了，請到離開歐洲前的最後一個歐盟機場退稅。這家Outlet除了Global Blue退稅公司外，也有Premier退稅櫃檯(在Gucci後面新闢的商場區)。

機場退稅

現金vs.信用卡退稅

在機場辦理退稅，可選擇拿現金、退到信用卡、或支票。

現金退稅：以歐元最划算，若選擇其他幣值，退稅公司會以較差的匯率換算。但現金退稅還要收取每筆收3歐元以上的手續費(視退稅金額而定，25～80歐元為4歐元，80～500歐元為5歐

海關蓋過章後依自己的退稅公司前往該櫃檯辦理退稅

元，500歐元以上為退稅金額的1％，每個人現金退款額最高為2999.50歐元)。

信用卡退稅：最推薦的退稅方式，不需收手續費，且現在退稅公司的效率越來越高，Global Blue約一週即可收到，Premier約需兩週，其他則約1個月。每個人的信用卡最高退款額為4999.50歐元。

退稅程序

A.退稅商品手提帶上機者：

Step 時間充裕者可先到退稅櫃檯辦理退稅，否則就先到登機櫃檯辦理登機。畢竟能順利登機還是比退稅重要。

Step 到退稅櫃檯繳交退稅單，不需先給海關蓋章。

Step 目前退稅單不需要先讓海關蓋章即可退稅，以電腦隨機抽樣的方式，被抽到的，再到隔壁的海關櫃檯出示退稅商品及退稅單，取得海關蓋章。若沒被抽到就直接提供信用卡資料，或者拿取退稅現金。

Step 持高單價商品者，要帶著商品過安檢(外面的退稅櫃檯人員檢查退稅單時會告知)，再到海關處取得蓋章，接著在裡面的退稅櫃檯完成退稅程序；其他人則過安檢及護照檢查，前往登機門。

機場內海關及退稅處的指標

Step5 沒有時間辦理退稅者,可將填寫好信用卡資料的退稅單,放進信封中,投入機場的退稅郵箱內。每家退稅公司都有自己的郵筒,可別投錯了。

沒有時間辦理現金退稅者,請將退稅單裝入信封,投入退稅櫃檯前的郵筒

B. 退稅商品放在託運行李者:

Step1 建議事先上網辦理登機手續,取得電子登機證。時間充裕者,直接到退稅櫃檯辦理退稅。(沒時間者,建議先辦理登機手續,告知行李中有商品須辦理退稅及時間有限的問題,先辦完退稅後,再將行李放上輸送帶。若來不及,則直接先過安檢入關,進去後再找退稅櫃檯辦理,能退多少就退多少,順利登機最重要。)

Step2 到退稅公司櫃檯辦理退稅,同樣不需先讓海關蓋章,隨機取樣,若抽到你,再帶著退稅商品到海關處蓋章,接著再到登機櫃檯辦理登機及託運行李。

C.在義大利之外的歐盟國家購買退稅商品者:

　均須到海關處出示商品取得海關蓋章,再到退稅櫃檯辦理退稅。

注意

1.貴重物品建議隨身帶上機,以免遺失(但液體或尖銳危險物品不可帶上機)。

2.超過100ml 的液體不可帶上機,必須放在託運行李中。

3.若被隨機抽到給海關檢查者,有些海關真的會一件、一件檢查(尤其是米蘭機場),退稅商品記得要準備好。

4.結帳時直接折扣退稅金額。有些精品店退稅在結帳時,會問要不要直接扣除退稅金額,這跟市區退稅同樣的道理,商家同樣會開具退稅單,只是不須再到市區退稅處辦理。

5.退稅信封有分種類,會清楚標明市區退稅辦理的情況:

Global Blue
1. EARLY CASH PAID(已現金退稅)
2. EARLY CC PAID(已信用卡退稅)
3. 空白信封(店內直接扣退稅金額)
到機場完成退稅程序前,可依類別整理好,方便退稅人員辦理。

市區退稅處

各家退稅公司市區均設有好幾處退稅處,以下列出各大城市較方便抵達的辦理處,其他退稅處可上退稅公司官網查詢。

●羅馬市區退稅處

Global Blue:Piazza di Spagna 29
Premier Tax free:Via Gregoriana, 54 及 Forexchange匯兌處

●佛羅倫斯市區退稅處

Global Blue:Coin百貨內,Via dei Calzaiuoli 56/r
Premier Tax free:Via dei Calzaiuoli 3R(Forexchange匯兌處)

●米蘭市區退稅處

Global Blue:La Rinascente Rinascente百貨6樓、精品街區的Via S.Spirito 5
Premier Tax free:Via Montenapoleone, 23及 Forexchange匯兌處

填寫退稅單

購物教戰守則

以Global Blue的退稅單為例：

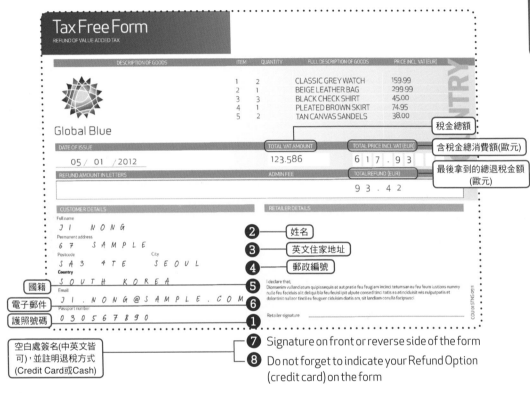

稅金總額

含稅金總消費額(歐元)

最後拿到的總退稅金額(歐元)

② 姓名
③ 英文住家地址
④ 郵政編號

國籍 ⑤
電子郵件 ⑥
護照號碼 ①

空白處簽名(中英文皆可)，並註明退稅方式
(Credit Card或Cash)

⑦ Signature on front or reverse side of the form
⑧ Do not forget to indicate your Refund Option (credit card) on the form

---

●威尼斯市區退稅處

Global Blue：Piscina San Moisè 2056 或聖馬可大教室對面後側的Ital Travel，San Marco 72/b (郵局前面)

Premier Tax free：Piazza San Marco 72/b (Ital Travel)

6.辦理退稅須備文件：護照、退稅單、航班資訊(列印文件或電子登機證)及退稅商品

記得在退稅單上勾選退稅方式

開始到義大利
購物&看藝術

羅馬那佛納廣場

藝術初體驗
About Art

到義大利看藝術的理由

推薦大家到義大利找個時間進各城市的主教堂做禮拜，尤其是大城市的主教堂內部，多是當時最傑出的畫家所繪製的濕壁畫，不但可以沈浸在宛如天音的教堂音樂中，還能靜心欣賞教堂藝術、感受義大利人如何與上帝交流。

我想，義大利人的美感如此優異，應該跟這樣的生活環境有著相當大的關係。生活日常隨處可見的，多是百年的偉大藝術，不知不覺受其薰染的義大利人，自然而然地內化，成就了Prada的俐落設計、舞台上的歌劇美音。

遊客來到義大利不只進博物館看藝術收藏，還可細細欣賞藝術般的義式生活，若能將在這裡體會到的生活藝術，應用到日常中，那麼這趟義大利藝術之旅，也就太值得了！

① 親臨文藝復興藝術的起源地

西元14～16世紀的文藝復興時期(Renaissance)，字義本身就是Born Anew，「重生」的意思。就好像是歐洲人經過黑暗時期的沉睡，隨著春天的降臨而緩緩甦醒，一片百花齊放，重新找回古希臘時代對於哲學、科學、藝術的熱愛！

將世界的中心回歸到以人為本，畫家開始思考創作的意義，表達自己想要傳達的意念。繪畫不再只是聖經的詮釋，聖人頭上不再有制式的光環，聖母的神情更為平易近人，而雕刻就如米開朗基羅所做的，是在釋放被鎖在石頭裡的靈魂。站在梵蒂岡博物館內拉斐爾所繪的《雅典學院》面前，彷彿加入文藝復興時期的藝文盛會，所有細胞都活化了起來。這就是來義大利看藝術所能感受到的震撼與感動！

畫中人物以真實人物臨摹，表現出自然、生動的神情

聖人頭上只剩下象徵性的細光圈

波提切利的《維納斯的誕生》，P.131 圖片提供／《西方美術簡史》

文藝復興時期，拉斐爾的《寶座上的聖母》，P.136

圖片提供／《藝術裡的祕密》

2 看盡藝術進化史

聖人頭上頂著大大的光圈

義大利整個國度就像是座西洋美術大觀園。從史前藝術、古希臘羅馬藝術、羅馬式、拜占庭到哥德、文藝復興、巴洛克等。

從簡單的構圖方式到透視空間構圖；從單調的雕刻到栩栩如生、充滿戲劇張力的雕刻藝術；之後又從遮風避雨的簡單建築，發展為和諧比例的建築設計。

再看到講求和諧比例的文藝復興風格，發展到極致，轉為追求誇張、戲劇化的巴洛克風格、洛可可風格；再從極度華麗的洛可可風，轉為極簡的超現實、抽象藝術……。走一趟義大利，就可看到整個藝術技巧與思維的發展過程。

早期聖像畫　　　　　　　　　　形體較為呆板

藝術初體驗

義大利藝術發展：看盡義大利藝術，回顧西洋藝術進化史

古希臘、羅馬藝術：美的理想與追求，為日後的藝術奠下了基礎。
中世紀：宗教的束縛，卻也是藝術創作的力量，也因為宗教的緣故，許多藝術才得以完整保留下來。

文藝復興：

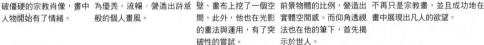

喬托(Giotto)，是首位嘗試透視空間感的畫家，打破僵硬的宗教肖像，畫中人物開始有了情緒。

安伽利可(Fra Angelico)及利比(Lippi)，讓人體的表現更為優美、流暢，營造出詩意般的個人畫風。

馬薩奇歐(Massacio)，透視法，就好像在牆壁、畫布上挖了一個空間，此外，他也在光影的畫法與運用，有了突破性的嘗試。

曼帖那(Mantegna)：前縮透視法，成功地縮小了前景物體的比例，營造出實體空間感。而仰角透視法也在他的筆下，首先揭示於世人。

波提切利(Botticelli)；開始以希臘神話故事為創作主題，繪畫範疇不再只是宗教畫，並且成功地在畫中展現出凡人的欲望。

全人的追求

在以上各位先驅們的奮鬥後，將文藝復興推到極盛期，藝術家受到高度的尊重，不再只是默默無名的工匠。並且勇於展現個人獨特的風格，講求全才的培養，當時認為好的藝術家必須精通數學、繪畫、文學、哲學、工程、醫學、機械等，達文西就是其中的最佳代表人物。這個時期的藝術，講求的是仔細計算出來的和諧比例，並且開始讚頌人體美，就如米開朗基羅的雕刻，完美展現人體的力與美，也像拉斐爾的聖母，大方展現那份更貼近人性的溫暖與情感。

後來文藝復興藝術轉到北義的威尼斯，威尼斯畫家對於光影色彩特別重視，也開始運用油畫創作，讓顏料盡情揮灑自己的情緒。

臻至完美後的思想表現

當所有的技巧發展到極致之後(佛羅倫斯追求的理想比例，以及威尼斯的極致色彩運用)，畫家開始想藉由繪畫展現個人思想，因此有了矯飾主義以及卡拉瓦喬的自然主義，揚棄古典畫派的理想化，盡情展現自己的繪畫精神。這或許也是現代藝術的源頭，為後來的未來主義、印象派、抽象派等現代藝術奠下基石。

親近藝術5訣竅

義術看似是高深的學問,但其實是生活的一部分。
義大利藝術之旅,只掌握幾個原則即可輕鬆成行。

義大利的教堂可說是藝術大寶庫,許多都是免費開放參觀

① 義大利藝術從哪裡看起?

珍貴遺跡或寶物,請進博物館。例如龐貝城,它最珍貴的遺跡大多存放在拿波里考古博物館內。

建築方面,古希臘時期、羅馬遺跡、拜占庭、文藝復興、新古典風格等,整個國家就像是座開放式的建築博物館。

義大利教堂達10萬多座,但也拜這些教堂所賜,讓建築師、雕刻師、畫家有發揮的空間,並能好好的保存下來。大部分的義大利教堂都不收費,其中有許多不容錯過的藝術寶庫,像是著名的聖彼得大教堂。

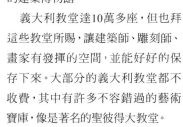

佛羅倫斯文化局辦公室

義大利的現代藝術雖然不是那麼興盛,但仍可在一些美術館中欣賞到一些近代大師的作品。不過,我個人認為義大利最棒的現代藝術都潛藏在服裝設計、工業設計、及櫥窗設計上,逛逛街,不但可以享受逛街樂趣,還可好好欣賞義大利現代藝術之美。

② 便宜欣賞義大利藝術

1. 大部分教堂都不收費(或自由奉獻),是最親民的藝術寶庫。
2. 免費參觀日:所有國立博物館、美術館每個月的第一個週日免費參觀;每個月的最後一個星期日則可免費參觀梵蒂岡博物館。
3. 大部分城市也推出城市參觀通行券(Pass),除了可免費參觀博物館或享優惠價之外,城內許多商店或餐廳、交通也可憑券享優惠折扣。

博物館、美術館,及教堂閉館時間
義大利的博物館/美術館/教堂通常在以下幾個節日閉館休息:

1月1日	新年
4月	復活節
5月1日	勞動節
8月15日	聖母升天節(有些較著名的景點,仍開放參觀)
12月25日	耶誕節

③ 不可不知的博物館、美術館及教堂參觀禮節

1. 進博物館前先看清楚標示或詢問館內人員是否可以拍照。
2. 如可以拍照,也不要使用閃光燈,對作品保存不利。
3. 請勿隨便觸摸藝術品,除非該展覽是可以與觀眾互動的。
4. 請勿在博物館內大聲喧嘩。不要一面參觀一面吃東西,應到休息室飲用食品。
5. 冬季可將大衣、帽寄放在衣帽間。有些博物館也禁止攜帶大包包入場,可先寄放在寄物處。
6. 參觀教堂不可穿著無袖或短褲,夏天最好隨身攜帶薄外套或披肩。

現在許多教堂都有提供隨丟的披肩給遊客使用

4 參加當地導覽團

可參加當地的導覽團，不但可更清楚了解景點歷史背景，還可認識來自各國的遊客。一般還會有英文、義文、法文、德文、日文團，現在中文團也相當普遍。

各大城市都有觀光巴士行程，可輕鬆遊覽市區各大景點

當地導覽團哪裡找

1. 當地旅遊服務中心：提供官方或當地旅行社所辦理的主題導覽團。
2. 許多景點內部也有導覽服務：有些是專人導覽，有些是語音導覽，中文服務也越來越普遍。
3. 觀光巴士：最近幾年各大城市相當流行觀光巴士(威尼斯除外，但可購買1日船票)，購買1日或2日票，可搭乘觀光巴士參觀市區各大景點，巴士上還有7國語言(包括中文)或專人導覽。這是最舒服且迅速的觀光方式。

5 聰明規畫行程、飽覽義大利藝術

義大利地形狹長，如果只有12天的時間(扣除飛行時間只有10天時間)，建議只選擇北義或南義，才不會花太多時間在交通上。否則可善用國內飛機或火車夜車，重點式觀光。

義大利藝術主要在中北義，建議的行程如下：

交通	可購買羅馬進、米蘭出的機票，這樣就不用再花時間及車資回到原抵達地點。 提早預訂火車票，常可買到特惠票，週末也常有買二送一優惠(www.trenitalia.com)。
行程建議	羅馬(Roma，3天)→佛羅倫斯(Firenze，3天，含比薩Pisa)→威尼斯(Venezia，2天)→米蘭(Milano，2天，前往米蘭途中可停帕多瓦(Padova)、維諾那(Verona)，最後停留米蘭，做最後的採購。
行程細節	1. **羅馬**：聖彼得大教堂→梵蒂岡博物館[1]→聖天使堡→那佛納廣場→萬神殿→西班牙廣場→許願池 2. **羅馬**：競技場→羅馬議事場→威尼斯廣場→波爾各塞美術館[2]→現代美術館→勝利聖母大教堂→四季噴泉聖安德列教堂→骨骸寺 3. **羅馬—提佛利或龐貝城**：當天往返或延伸至阿瑪菲海岸 4. **羅馬—佛羅倫斯**：中間可停留奧維多(Orvieto)→佛羅倫斯大教堂→舊橋 5. **佛羅倫斯**：聖羅倫佐大教堂及中央市場→前往比薩或托斯卡尼 6. **佛羅倫斯**：學院美術館→烏菲茲美術館[1]→舊橋→彼提宮→米開朗基羅廣場 7. **佛羅倫斯—威尼斯**：聖馬可大教堂[1]→總督府→嘆息橋→聖馬可廣場花神咖啡館 8. **威尼斯**：學院美術館→佩姬古根漢美術館→安康聖母大教堂→穆拉諾島及布拉諾島(可購買1日船票) 9. **威尼斯—米蘭**：最後的晚餐[2]→史豐哲城堡→聖安勃西安納美術館→米蘭大教堂→艾曼紐二世走廊 10. **米蘭**：米蘭墓園→波蒂佩州里博物館(或巴伽迪瓦塞奇博物館)→黃金四邊角→布雷拉美術館

註：1代表建議先預約，2代表需先預約

一次看懂12大藝術風格與特色

看古希臘、羅馬時期、拜占庭、文藝復興、巴洛克、洛可可、現代藝術等,各時期的藝術風格齊聚一堂。

1 古希臘藝術(Greek Art)

古希臘藝術可說是歐洲文明的發源地,影響義大利藝術極為深遠。

特色:大部分的藝術創作為雕刻及陶器。雖以神話為主題,但作品所展現的現世歡樂與理想,顯露以人為世界中心的人本主義。

希臘雕刻講求和諧、勻稱,尤以人體雕刻及建築為最,展現出烏托邦般的境界

2 古羅馬藝術(Roman Art)

古羅馬藝術源於伊特魯里亞文明(Etruria),後來羅馬帝國從希臘帶回大量的希臘藝術品,義大利人開始學習希臘藝術的理想主義,讓羅馬藝術有了不同的轉變。

特色:羅馬人較希臘人務實,主要藝術成就在於建築、雕刻,誓將帝國氣勢展現出來。早期雕刻較為死板,希臘文化傳入後,雕刻技術變得生動、優美,繪畫開始有了透視及光影的手法,雖仍不純熟,卻為文藝復興藝術開啟了一扇窗。

3 早期基督教藝術(Early Christian)

此時期可分為迫害時期及正教派時期。

特色:早期基督教被迫害時,只能在地下墓穴以一些象徵性的繪畫來表現,像是牧羊人象徵基督,羊則代表信徒。後來基督教成為國教後,整個藝術風格大為改變。教堂蓋得相當雄偉,而內部裝飾更是華麗之致,吸引教徒走進教堂。

4 拜占庭藝術(Byzantine)

君士坦丁大帝將首都遷往拜占庭(Bazytine),更名為「君士坦丁堡」,為東羅馬帝國。結合東西方文化的拜占庭藝術,以基督教為中心,創作出許多可隨身攜帶的聖像版畫,並將羅馬人祭拜眾神的萬神殿改為禮拜堂,殿中的畫像也由神話人物改為耶穌與聖母。

特色:受回教文化的影響,馬賽克鑲嵌畫加入金銀色彩,讓教堂裝飾更為富麗堂皇,以榮耀神及吸引教徒來教堂。威尼斯的聖馬可大教堂內部為此風格代表作。

威尼斯的聖馬可大教堂內部裝飾

5 羅馬式藝術(Romanesque Art)

10～13世紀的基督教藝術為羅馬式藝術，此時期大量建設修道院及教堂，藝術作品多為浮雕、壁畫及抄本藝術。

特色：羅馬式建築多以石材建造，因此較為厚實，天花板則為半圓形拱頂，教堂正面以耶穌雕像為主，並在有限空間內以浮雕裝飾，拉長的雕像營造出一種神的出世感。

比薩的大教堂就是羅馬式建築的典範

6 哥德式藝術(Gothic)

「哥德」意指摧毀羅馬帝國的野蠻人。哥德藝術有別於羅馬式的厚重，較接近希臘古典藝術。

特色：表現較為自然、輕盈，開始加入聖母瑪利亞的雕像。大量採用尖塔，營造出直入天聽之感，並運用飛樑、扶壁勾勒出輕快的感覺，呈現哥德建築的優雅與躍動的線條韻律。內部以大片玻璃裝飾，透過五彩繽紛的馬賽克鑲拼玻璃，引進璀璨的自然光，讓教堂呈現出天堂般的氛圍。這個時期的繪畫者不再只是修道士，開始出現專業畫家。

米蘭及西耶那、奧維多大教堂為義大利哥德式建築的代表

7 文藝復興藝術(Renaissance)

以神權為中心的黑暗中古時代終告結束，起源於佛羅倫斯的文藝復興運動，有如人類的一道曙光，重拾希臘羅馬文化的人本精神，重新詮釋人及現世的價值。畫家開始可以自由表現他本身的意念、思考創作的意義(之前都只是工匠，只能依指示繪圖詮釋聖經)。無論在藝術、文學、科學等方面，都有了劃時代的表現。

特色：繪畫不只是講求意境的優美，更講求精確的構圖，藉以呈現出和諧、理想的畫面。

這時期產出許多萬世不朽的作品，像是達文西《最後的晚餐》、米開朗基羅的聖彼得大教堂圓頂建築

8 矯飾主義藝術(Mannerism)

政治的不安、西班牙的入侵，結束了輝煌的文藝復興時期，在接下來這個擾動不安的1世紀間(1520～1580)，出現了矯飾主義。

特色：此時期可說是文藝復興的延續，仍可看到拉斐爾式的和諧優雅及米開朗基羅的力道，但還多了超乎常理的精細、詭譎氣氛，呈現出戲劇張力。

代表藝術家為帕米吉安尼諾(Parmigianino)及艾爾葛雷柯(El Greco)。帕米吉安尼諾的《長頸聖母》優雅的線條與誇張的比例，刻意營造出反自然、反古典的繪畫風格
圖片提供／《西洋美術小史》

⑨ 巴洛克藝術(Baroque)

致力於理性與和諧的文藝復興風格，發展到極致轉為17世紀追求強烈情感表現的巴洛克藝術。

特色：羅馬勝利聖母教堂中的《聖泰瑞莎的狂喜》(貝尼尼)呈現出強烈的情感，並加入光線的元素，營造出震撼的戲劇張力，同時保留文藝復興的典雅，就是其中最佳的代表作。(P.109)

⑩ 洛可可藝術(Rococo)

洛可可藝術源自法國，為享樂的貴族風。藝術作品涵蓋廣泛，包括繪畫、家具、工藝品、服飾等。

特色：風格明亮而輕快、華麗而細緻。

義大利方面以提也波羅(Tiepolo)的《聖家奇蹟》(Transport of the Holy House of Nazareth，威尼斯學院美術館)為代表

圖片提供／《西方美術簡史》

⑪ 新古典主義 (Neoclassicism)

法國大革命之後，洛可可風沒落，以拿破崙宮廷為中心的新古典主義興起，此時龐貝古物剛出土，整個社會風氣又開始關心起古代文明，鼓勵對社會國家的責任，意圖恢復古希臘羅馬的古典藝術。

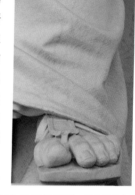

特色：此時期以鮮明的線條與嚴謹的構圖來展現古典畫的優點，並以歷史畫為主題，用色較冷冽，屬於表現性的畫風(而非想像性)。法國的大衛、安格爾為代表藝術家，義大利方面則以雕塑家卡諾瓦(Canova)為代表，作品可見於羅馬波爾各賽美術館的《寶麗娜》。

⑫ 19、20世紀現代藝術 (Modern Art)

新古典主義之後，緊接著為浪漫主義、印象主義、新藝術派，到20世紀的野獸派、德國表現主義等，但多在其他歐陸國家。義大利的現代藝術以西元1910年義大利詩人馬力內發表「未來主義宣言」為主，當時引發機械新美學，將速度與行進間的動感表現在藝術上的未來派(Futurism)。此後，西方藝術進入立體派、達達派及超現實主義派。

特色：將現代生活的快速移動與變化轉到藝術中，表現出移動、速度與立體感，並在作品中大量採用機械元素。

圖片提供／《西洋美術小史》

看懂宗教畫

從常見的宗教畫主題裡分門別類，解讀宗教畫作的背景故事與精神意涵。

❶ 天使報喜(Annunciation)

上帝派遣天使加百列來向瑪利亞報喜，告知她將成為聖女，並已懷孕，將產下一個兒子，名叫耶穌。天使報喜圖通常還會出現代表聖靈的鴿子，意指耶穌將通過肉身來到人間。天使手中拿著一隻百合，象徵瑪利亞的聖潔；瑪利亞則拿著一本書，表示這將應驗《舊約》所預言的處女生子。

圖片提供／《西洋美術小史》

❷ 聖母與聖嬰(Madonna & Child)

通常描繪耶穌預見未來將受的苦難，害怕地奔向滿懷關愛眼神的聖母懷中。兩旁如有天使，一般會手持未來耶穌受難的刑具——十字架與長矛。而聖母內衫為代表人性的紅色，外衫為分享天主神性的藍色外袍。

❸ 聖母(Assumption)

「無染原罪天主之母，卒世童貞聖母瑪利亞，在完成了今世生命之後，肉身和靈魂一同被提升至天上的榮福。」～天主教信理。

圖片提供／《西方美術簡史》

❹ 聖家族(Holy Family)

主要描繪聖家族成員聖母瑪利亞、聖約瑟和聖嬰。同樣地，聖約瑟與聖母的服飾通常是紅色內衫與藍色外袍。此外，聖母袍上的星星代表聖母終身為童貞。耶穌通常位於聖家族的中心位置，代表以他為中心。而白色與金色的衣服則象徵他的光榮、純潔與王權。

❺ 最後的晚餐(The Last Supper)

門徒猶大將出賣耶穌，在耶穌被捕的前一天晚上，耶穌與12使徒共進最後的晚餐，並宣告他們之間有一人將出賣他。

❻ 最後的審判(The Last Judgment)

基督教義指出，耶穌被釘死後復活，重返天國。他將在天國的寶座上審判凡人靈魂，此時天、地在他面前分開，世間一片清明，死者幽靈都聚集到耶穌面前，聽從他裁定善惡。罪人將被罰入火湖，作第二次死，即靈魂之死；善者，耶穌賜予生命之水，以得靈魂永生。審判過後，天地將重整。

❼ 聖殤(Pieta)

當耶穌由十字架放下來後，躺在聖母瑪利亞懷中的憂傷景象。經典作品為聖彼得大教堂內米開朗基羅的《聖殤》雕像。

圖片提供／《人類的藝術》

❽ 耶穌受洗(The Baptism of Christ)

耶穌接受約翰受洗，代表耶穌順服上帝的旨意，約翰則順從耶穌的旨意。

圖片提供／《西方美術簡史》

❾ 耶穌受難(The Crucifixion)

通常是耶穌被釘在十字架上的垂死景象。有些藝術家試圖展現耶穌受難的苦痛，有些則想要表現出耶穌受刑時的從容與榮耀。

圖片提供／《西方美術簡史》

❿ 東方三博士朝聖(Adoration of the Magi)

描繪東方三博士在奇異星辰的引導下，前往朝拜耶穌的故事。常見的繪畫場景為馬廄。

藝術小辭典

一. 宗教畫裡常見人物

耶穌：耶穌基督
聖母：耶穌的母親－聖母瑪利亞
聖嬰：耶穌幼兒時期
施洗約翰：幫耶穌受洗的約翰，通常手持手杖
12使徒：追隨耶穌的12位使徒，以手持鑰匙的彼得為首
馬可：獅子為這位聖人的象徵　馬太：似人、似天使的造型
路加：公牛為這位聖人的象徵　約翰：老鷹為這位聖人的象徵
彼得：手持鑰匙為這位聖人的象徵
聖三一：聖父、聖子、及聖靈三者合而為一，也就是上主

二. 宗教畫裡的象徵物件

1. 雲：

用來分隔人間與天堂的景象。通常以線性透視表達人間的有限空間，將天堂的空間表現出不可測的深度。使觀者看到天地、虛實，這兩個世界的交流與關係。通常畫的一部分是再顯神蹟的場景，另一部分則強調經驗世界。

2. 巨大的柱子上部深入雲層：

象徵中心，並暗喻俗世與天國的連結，這與哥德式教堂大量採用尖聳石柱有異曲同工之妙。

三. 藝術畫作常見的繪畫技法

1. 濕壁畫(Fresco)：

最常見也最能持久的壁畫畫法。須先在牆壁塗上灰泥，在灰泥未乾之前，以水溶性顏料上色，但是灰泥乾的很快，所以作畫之前須先畫好草稿，當天要畫哪部分，只在那部分塗上灰泥上色。顏色滲入灰泥後便很難修改，因此畫家的繪畫技巧需相當純熟。

2. 乾壁畫(Fresco Secco)：

以較有立體感的材料，如粗泥、石灰等，在乾壁上繪圖。

3. 粉彩畫：

粉彩畫容易畫，方便塗改，且攜帶方便，文藝復興時期大部分用朱筆粉彩來繪製底稿。

4. 蛋彩畫：

以蛋黃或蛋清與色粉調和，在石膏底的畫板上繪畫。乾後就能形成一層薄膜保護，由於濕壁畫很難修改，所以達文西當初畫《最後的晚餐》時，就是以蛋彩畫法。優點是可隨時修改，缺點是無法保久。《最後的晚餐》完成不到20年就開始褪色了。

5. 油彩畫：

油彩畫容易調和，但油和顏料粉混合的油彩乾得較慢，塗上色彩後還可與之前塗上的顏料色彩調合。且厚重的油彩能讓畫呈現出真實感。15世紀開始流行。

6. 素描：

以單色繪畫素材快速描繪生活上的事物。達文西就留下大量的素描作品，像是他精心研究的人體解剖圖。

一定要認識的藝術大師

奇才達文西不畏教廷的打壓,悄悄地解析人體,發展出黃金比例,他更發明了「一點透視法」、「Sufumato」等創新技巧深入研究畫中的每個元素之後,繪出《最後的晚餐》、《蒙娜麗莎的微笑》等巨作;米開朗基羅則將那充滿生命力的雕刻繪畫展現在翡冷翠、羅馬兩地,最純熟的表現就屬西斯汀禮拜堂內的《創世記》、《最後的審判》;而拉斐爾的《雅典學院》更是將當時的人文氣息盡表現在畫中;威尼斯畫派的提香,則運用光影色彩的魅力,細膩地將文藝復興藝術發展到最純熟的地步。

圖片提供／《人類的藝術》

1 達文西(Leonardo da Vinci)～鬼才的藝想世界

這位集科學家、哲學家、藝術家、建築師、工程師、解剖學家、天文學家於一身的奇才李奧納多達文西(Leonardo da Vinci),生於西元1452年,原本與母親住在托斯卡尼鄉下小鎮Da Vinci,後來父親將他接到佛羅倫斯受教育。

14歲時進入佛羅倫斯最著名的維洛其歐(Verrocchio)畫室學習,不久後,達文西就已展現出青出於藍的繪畫技巧。成名後的達文西在佛羅倫斯完成了《蒙娜麗莎的微笑》,後來因與佛羅倫斯的麥迪奇家族不合,轉往米蘭發展。期間完成了《最後的晚餐》及《岩間聖母》,並全心研究科技、機械、工程、醫學等,雖然完成的藝術作品不多,但豐富的筆記本中,卻留下許多驚人的發明與發現。

繪製《最後的晚餐》期間,達文西大部分的時間都花在構圖上,動筆的時間極少,常一個人望著一面白牆發呆、構思,瞪著牆壁幾個小時,只上前修改幾筆,因此常被人告狀說他偷懶。其實早在西元1478年,達文西就開始構思《最後的晚餐》,整整20年的時間,深入了解每個人物的背景、個性,繪製了大量的手稿與文字筆記。對達文西來講,構思過程比完成繪畫還來得重要(P.88)。

這位一代奇才於西元1519年5月2日客居法國時過世,遺體葬於St. Florentin的大聖堂(Collegiate Church)。

重要作品:

《蒙娜麗莎的微笑》(法國巴黎羅浮宮)

《聖母、聖嬰與聖安妮》(法國巴黎羅浮宮)

《最後的晚餐》(米蘭感恩聖母教堂)

《岩間聖母》(倫敦國立美術館)

Sfumato暈塗法
達文西在藝術技法上最重要的發明,讓以往僵直的輪廓,消融在朦朧的陰影中,無形地增加了畫的想像空間。

玩家小抄一哪裡可免費看大師作品?

米開朗基羅:羅馬聖彼得大教堂圓頂及《聖殤》、米那瓦上的聖母教堂、康比多宜歐廣場、鎖鏈聖彼得教堂;佛羅倫斯舊宮及米開朗基羅廣場複製的《大衛像》

貝尼尼:勝利聖母教堂、S. F. a Ripa教堂、聖彼得大教堂廣場拱廊及內部雕像、米那瓦上的聖母教堂外的大象雕像、聖天使橋上的雕刻、聖安德烈教堂及那佛納廣場噴泉

*畫家介紹見下頁

2 米開朗基羅(Michelangelo)

生於西元1475年的米開朗基羅，來自翡冷翠郊區的貴族家庭，其一生的偉大作品，影響了往後近3世紀的藝術發展。

圖片提供／《大師自畫像》

米開朗基羅13歲起開始在佛羅倫斯大師Ghirlandaio門下學習，當時家族已經沒落，父親不希望兒子從事這不賺錢的行業，但米開朗基羅竟然自己跑去Ghirlandaio的畫坊，要求老師提供他學徒費，老師看了他的素描後，竟然答應了，他也就此開始藝術家之路。然而大師生性桀驁，與其他學員處不來，因此當麥迪奇家族成立雕刻學校時，他第一個被老師推舉過去，而米開朗基羅也因此在雕刻學校被羅倫佐‧麥迪奇發掘，並邀請他入宮。

除了天分與努力之外，他也跟達文西一樣，凡事自己研究，詳細解剖人體，深入研究以往雕刻大師的傑出表現手法，堅持自己的藝術理念，畢生追求完美之作。

3 貝尼尼(Gian Lorenzo Bernini)

貝尼尼(1598～1680)是巴洛克時期最偉大的義大利藝術家，深深地影響了17、18世紀的藝術風格。他除了是雕刻家之外，還是位建築師、畫家、舞台設計師、煙火設計師、劇作家。他的作品遍布羅馬城，其中以聖彼得大教堂為最，就連雄偉的聖彼得廣場都是他的作品。

(取自wikimedia)

4 拉斐爾(Raphael)

拉斐爾(1483～1520)筆下的人物，是他心中理想美的呈現，但又不失其靈動生氣，無論是靜態或動態的人物安排，總能達到完美的和諧之境。

圖片提供／《大師自畫像》

拉斐爾一生雖比其他藝術家順遂許多，但卻在37歲生日時過世，英才早逝，讓當時的紅衣主教Pietro Bembo不禁為他寫下這樣的墓誌銘(位於羅馬萬神殿)：「這是拉斐爾之墓，當他活著的時候，自然女神怕會被他征服，他死的時候，她也跟著死去。」

5 波提切利(Sandro Botticeli，又作Alessandro Filipepi)

波提切利(1445～1510)是利比的學生，為首位捨棄宗教題材，改以希臘神話故事為主題創作的畫家，《春》及《維納斯的誕生》就是他的代表作。美麗的女神身穿飄逸的薄紗，快活自在的神情，這在當時的尺度來講，可是相當前衛，不過這卻也是文藝復興的精神所在－自由不拘，盡情追求真善美的境界，因此波提切利也被推為文藝復興早期的代表人物。除此之外，畫家精湛的繪畫技巧，也已從喬托時期生澀的立體感，轉為優美的線條與空間感，細緻的薄紗繪法，優雅的身形展現，以及畫家對自然植物的深入研究，在在展現世人繪畫技巧的一大展進。

(取自wikimedia)

藝術初體驗

利比 (Fra Filippo Lippi)

利比(1406～1469)是佛羅倫斯人,西元1421年入修道院成為修道士,後來竟與修女相愛結婚,還好他的繪畫深受麥迪奇家族的喜愛,才能免受教會之懲處。不過也因為利比豐富的情感,他筆下的聖母才能如此柔美、充滿情感,這點深深影響徒弟波提切利的畫風。

7 提香(Tiziano Vecellio)

提香(1490～1576)是威尼斯畫派領導者喬凡尼貝利尼的門徒,繼天才畫家喬吉歐聶(同門師兄)去世之後,他成為威尼斯畫派中最出色的一位,當時地位之崇高,就連皇帝都曾為他拾起掉落在地上的畫筆,而歐洲各國的王公貴族,都想請這位大畫家為自己畫幅肖像。因為提香總能將肖像表現地那樣自然,卻又能在一些小地方(像是眼神),表現出畫中人物的中心精神,顛覆以往只追求皇室威嚴的肖像風格。

另一個特點是,提香作畫時,總是先在畫布塗上底色,然後再用厚重的顏料描繪,最後以手指修飾,讓威尼斯畫派的繪畫,多了份羅馬與佛羅倫斯繪畫所沒有的動感。他中年時期的繪畫色彩明亮,筆觸較為細緻,晚期用色深沉,筆觸也更為豪放,常讓人分不清線條在哪裡,但從遠看卻又可看到清楚的形體描繪。

《義大利繪畫史》的作者Lanzi曾說:提香的調色板上只有少數幾個色彩,但他知道如何選擇那些可以區分及分離出更多色調的顏色,也清楚了解不同程度的對比色與其運用時機。因此顏色的運用不顯突兀,不同底色蓋在另一個之上,卻渾然天成。

8 喬托(Giotto di Bondone)

喬托(1276～1337)開創性的繪畫表現,奠定了人文主義及寫實主義的基礎,因此被譽為「歐洲繪畫之父」。

是他開始讓中世紀呆版的人像有了感情,就像帕多瓦斯克羅威尼禮拜堂內《猶太之吻》畫中,所有人物是多麼地充滿生氣,人物的線條也較為自然柔和,並開始有了肌理的寫實表現,讓有血有肉的我們,開始能與畫中人物產生共鳴。

喬托墓碑上的墓誌銘刻著:「我,賦予繪畫生命。」清楚地說出這位文藝復興始祖在藝術史上的貢獻。黑暗時期的宗教畫只是單調地將聖經故事描繪出來,但喬托卻是首位賦予畫中人物情感與生命表情的人,將聖經故事融會貫通之後,以流暢的場景呈現。

他同時也是首位繪出空間透視感的畫家,為了讓畫呈現遠近透視感,將中世紀宗教畫呆版的金色或藍色背景改為自然景觀。雖然技巧仍屬生硬,但卻是革命性的創舉,為文藝復興藝術奠下基石。

當時各地爭相委託這位偉大的藝術家創作,佛羅倫斯的喬托鐘樓就是他最偉大的作品之一,而繪畫方面則可在帕多瓦(Padova)斯克洛維尼禮拜堂及阿西西看到。

喬托《猶太之吻》(取自Wikimedia)

⑨ 卡拉瓦喬 (Michelangelo Merisi da Caravaggio)

卡拉瓦喬(1571~1610)為寫實畫風的開創者，將一般平民或或低下階層的小人物放入神聖的宗教畫中，卻也因此更能與人產生共鳴，讓觀者的感動之情油然而生。

例如羅馬聖奧古斯都教堂內的《洛雷托聖母》，卡拉瓦喬描繪出一對穿著破舊衣服、赤著腳的夫婦，情緒激動地跪在顯現於他們眼前的聖母與聖嬰腳下。透過小人物之眼，似乎更激起人們對於聖母與聖嬰的尊崇。

這樣的獨創畫風，讓不到30歲的卡拉瓦喬就贏得了「羅馬最傑出的畫家」的名號，當然，他對宗教畫大膽突破性的詮釋方式，也引起不少爭議。

脾氣火爆的卡拉瓦喬，也讓自己的人生更是充滿傳奇色彩。有次在羅馬的球賽押注中，卡拉瓦喬與同伴跟人發生衝突，不慎殺死了一個人，後來在王子們的幫助下逃離羅馬，自此他展開4年的逃亡生涯，期間流浪到拿坡里、馬爾他、西西里島，留下不少傑出作品。

當他流亡拿坡里期間，當時巴洛克風格正蓬勃發展，而卡拉瓦喬的畫風，正為這股風潮帶來不小的影響。

(取自Wikimedia)

卡拉瓦喬早期著重於透過鮮明色彩的運用及細節的描繪，到了成熟期，轉為如何讓畫中角色在場景空間中，呈現出震撼人心的戲劇張力，光線不再布滿整幅畫，只落在他想強調的部分，以製造出更大的張力。例如他在馬爾他聖喬凡尼教堂中的《施洗者聖約翰的斬首》，而這幅作品也是他唯一簽名的作品。

又例如西西里島Siracusa教堂中的《埋葬聖露西亞》，其空間處理更為純熟，上面留下一大片死寂的空白，似乎想表現出送葬者當下所感受到的沉重哀傷。

卡拉瓦喬的性格與畫風，與拿坡里古城區及西西里島巴勒摩的街道風情極為貼近，或隱或現散發著一種熱情又悲壯交織的情感。他晚期的作品《手提哥利亞頭顱的大衛》，畫中被大衛割下頭顱的巨人就是畫家自畫像，透露出對自己荒誕人生的反省，與希望得到救贖的期望。

卡拉瓦喬《手提哥利亞頭顱的大衛》(取自Wikimedia)

卡拉瓦喬《馬多的懷疑》(取自Wikimedia)

⑩ 提托列多(Tintoretto)

提托列多(1518~1594)的個性比較像米開朗基羅，較為孤傲，但對藝術有著同樣的熱情與執著。他的原名是Jacopo Comin，但因為他是染工(Tintore)之子，後來Tintoretto(小染工)就成了他的稱號。年輕時曾經在提香的門下學習，但後來卻被革職，因為提托列多不重細節，他認為一幅畫只要表現出他想要表現的意象時，就算完成，因此並不會刻意去修飾細部。

離開畫室後，他以自己的方式繼續作畫，並深入研究光影與色彩。從他的作品中，可以看到他對背景明暗、陰影與深度處理的純熟度，還可清楚地看到某種情緒或事件，也就是他所追求的意境繪畫。

例如在聖喬治教堂(San Giorgio Maggiore，位於S. Giorgio島上)的《最後的晚餐》(The Last

Super)，畫家以他擅長運用的光源，挑逗觀者的眼光，讓畫生動不已。

《最後的晚餐》(取自Wikimedia)

⑪ 但丁(Dante Alighieri)

但丁(1265~1321)出生於佛羅倫斯的貴族家庭，也曾擔任這個城市的高級行政官，後來卻因政治紛爭，被流放而客死他鄉。

但丁曾說：「走自己的路，讓別人說去吧。」他曾為自己愛慕的碧翠絲寫了31首新詩集《新生》(Vita Nuova)，也在流放期間完成了第一部以義大利文書寫的文學作品《神曲》(La Divina Commedia)，成為義大利文學界的開創者，被譽為中世紀最後一位詩人，新時代的第一位詩人。他的佛羅倫斯故居現被改為博物館，展示相關文物。

⑫ 唐納太羅(Donatello)

出生於佛羅倫斯的唐納太羅(1388~1466)，年輕時期曾與布魯內列斯基到羅馬考察古希臘羅馬的遺跡與雕塑。回到佛羅倫斯之後，開始運用他所觀察到的古典雕刻技藝，刻出雕塑史上的新風格，逐漸擺脫了哥德風格講求的精雕細琢。因此，唐納太羅被譽為米開朗基羅之前最偉大的雕刻家。

藝術貼近看

三個時期、三位大師的大衛

唐那太羅的大衛：
這幅雕像展現戰後的少年大衛剛割下巨人頭，一手垂放在劍上，另一手則自然地插在腰上，經過劇烈鬥爭後的歇息時刻。這同時也是中世紀以來的第一座男性裸體雕像。

米開朗基羅戰前的大衛：
炯炯有神的年輕大衛，手持著石塊，姿勢透露著自信，專注望著前方眼神，則顯得如此專注而堅定。

卡拉瓦喬的大衛：
晚期《手提哥利亞頭顱的大衛》，畫中被大衛割下頭顱的巨人就是畫家自畫像。

不可不看的6大景點、4大畫作

義大利藝術之旅的精華之選，走入世界建築與世紀名畫的經典境地。

6大景點－羅馬聖彼得大教堂、羅馬競技場、佛羅倫斯百花聖母大教堂、
　　　　比薩斜塔、威尼斯聖馬可大教堂、米蘭大教堂

4大畫作－米開朗基羅《創世記》、達文西《最後的晚餐》、
　　　　米開朗基羅《最後的審判》、拉斐爾《雅典學院》

不可錯過

不可錯過之6大知名景點

景點 1　羅馬聖彼得大教堂
Basilica di San Pietro

推薦理由：**最宏偉的教堂、天主教的精神中心**
詳細介紹：**參見P.100**

建築與藝術收藏皆堪稱世界寶庫

全球最大的教堂－聖彼得大教堂，位於羅馬城邊的獨立邦國梵蒂岡城內。這座雄偉的大教堂，象徵著天主教的精神與權力，它同時也是教皇與教廷的常駐地。

梵蒂岡原本是山丘的名稱，後因聖彼得於西元64年被釘死在十字架，埋葬於此，而成為早期基督徒殉道的地點。一直到君士坦丁大帝時，基督教

合法化，才於西元329年在聖彼得墓上改建教堂，並命名為「君士坦丁大教堂」。教皇由法國返回羅馬後，決定在此打造一座天主教中心，將教廷設於此，於是命當時最著名的建築師布拉曼(Donato Bramante)主事這項大工程。

布拉曼過世後，幾乎所有文藝復興時期的大師都曾主事過(前後共有8位大師)，工程延宕了170年之久，直到巴洛克時期才完成。因此成為了無論是建築本身、內部雕飾及藝術收藏，都是全球首屈一指的藝術寶庫。

米開朗基羅晚年設計了這座明亮聖潔的大圓頂來讚頌主

藝術初體驗

景點 **2** 羅馬競技場
Colosseo

推薦理由：雄偉的殘骸，荒頹的完美
詳細介紹：參見P.118

依古希臘劇場為發想的圓形競技場

　　西元72年，維斯巴西安諾皇帝(Vespasiano)下令建造一座羅馬帝國最大的競技場，而為了顯示自己與暴君尼祿不同，還特地選在尼祿的金宮原址上建造，但是直到他的兒子提圖斯(Titus)就位時才開始啟用(西元80年)。

　　競技場的建造方式源自古希臘劇場，不過當時的劇場大部分都是依山而建的半圓形建築，觀眾席則隨著山形的坡度層層而上(如西西里島Taormina及Siracusa古劇場)。後來古羅馬人以拱券結構，架起觀眾席，不必再靠地形才能建造起圓形劇場(amphitheatrum)，影響後世深遠。

　　這座高達48公尺，可容納5萬5千名～7萬名觀眾的雄偉建築，歷經了8年的時間完成。競技場呈橢圓形狀，長軸188公尺，短軸155公尺，周長527公尺。中間則是長達86公尺的表演區，四周圍著層層看台，共分為5區。最下層為貴賓席位，像是元老、祭司、官員，第二層則為貴族席，第三層為富人席，第四層才輪到

一般百姓，最後一層的站席則是婦女看台。而且，當時的羅馬人就設計了可遮陽的天篷，這個天篷可由最上層的柱廊操縱伸縮廣度，讓天篷向中間傾斜，陽光只會照射在中間舞台，形成天然的聚光燈，也利於通風。

玩家小抄－議事場的夏夜燈光秀

羅馬競技場對面的帝國議事場，現在夏季還會舉辦燈光秀，透過現代科技，重現原址的建築及生活樣貌，讓人輕鬆回到古羅馬時代，了解當時的生活情況及建築藝術。(也推薦閱讀《原來，羅馬人這樣過日子》。)

原本外牆每個拱門都立有一尊雕像

景點③ 佛羅倫斯百花聖母大教堂
Basilica di Santa Maria Fiore, Duomo

推薦理由：義大利文藝復興藝術的結晶
詳細介紹：參見P.140

百花齊放的燦爛結晶

佛羅倫斯市中心的百花聖母大教堂，可說是義大利文藝復興藝術的燦爛結晶。

13世紀時，經濟蓬勃發展的佛羅倫斯城，一直想要建造一座具代表性的大教堂。西元1296年終於決定重建市中心的Santa Reparata教堂，並由聖十字教堂的建築師Arnolfo di Cambio主事，將這座教堂獻給聖母瑪利亞。而佛羅倫斯素有「百花城」之稱，因此也將這座教堂取名為「百花聖母大教堂」。

教堂的建造工程轉由喬托(Giotto)接手時，完成了高達82公尺的喬托鐘樓(Campanile di Giotto, 1334～1356)。後來布魯內列斯基(Brunelleschi)以突破性的技術，為教堂建造了橘紅色大圓頂，以完美的八邊形比例，一躍成為佛羅倫斯的地標，終於高過宿敵西耶那城大教堂(哥德式建築代表)。

到此參觀可別忘了登上教堂圓頂，不但可以沿著圓頂內部走看圓頂上的《最後審判》天頂畫，還可到圓頂外層360度欣賞這美麗的藝術古城。

景點④ 比薩比薩斜塔
Torre di Pisa

推薦理由：羅馬式建築的完美典範
詳細介紹：參見P.146

羅馬式建築的典雅風格

舉世聞名的比薩斜塔，為佛羅倫斯郊區必玩景點。其完美的建築比例與燦眼的白色大理石建築，優雅地詮釋了羅馬式建築的典雅風格。

除了可登上斜塔外，比薩大教堂內的喬托雕刻、洗禮堂的完美回音設計、聖地公墓內發人省思的壁畫及優雅的哥德式迴廊，也是不容錯過的精采景點。當然，還有絕對要拍的斜塔錯位照！

藝術初體驗

景點5 威尼斯聖馬可大教堂
Basilica di San Marco

推薦理由：威尼斯的精神中心，一窺世界奇珍異寶
詳細介紹：參見P.161

濃厚異國風味的黃金教堂

聖馬可大教堂可說是義
大利最完美的拜占庭建築典
範。5座如皇冠般的圓頂，展
現出濃厚的異國風味，而拜占
庭式的馬賽克鑲嵌畫，將整
座教堂裝飾得金碧輝煌，聖
馬可教堂也因而得到「黃金教堂」的美稱。

大教堂旁的天文時鐘

西元1075年起，海上霸王的威尼斯公國規定每
艘回鄉的船隻，都要供奉一項寶物，因此聖馬可
教堂除了教堂建築本身的價值之外，內部收藏的
各種珍奇寶藏，更是令人驚豔。

由海上歸鄉的威尼斯遊子，遠遠就可看到家鄉教堂的5座大圓
頂及鐘樓

景點6 米蘭大教堂
Duomo di Milano

推薦理由：一睹全義大利最美的哥德式教堂
詳細介紹：參見P.184

歷經5世紀雕琢的大理石史詩

義大利最美麗的哥德
式大教堂，整座教堂以白
色大理石建造，3,500多
尊精細的雕像裝飾而成。
108公尺高的尖塔，豎立
著金色聖母瑪利亞雕像，
無論在地理或精神層面，
都是米蘭城的中心。

這座西元1368年米蘭
領主Visconti下令建造的
大教堂，歷經了5個世紀
才完成，成為全球第三大
教堂、義大利最美的哥德
式建築。最特別的是遊客
可登上屋頂平台鳥瞰北
義風光，教堂有時甚至還
會在屋頂平台舉辦音樂會。

令人讚嘆的哥德式大教堂

不可不看之4大知名畫作

畫1作　羅馬，米開朗基羅《創世記》
Genesis

推薦理由：仰望藝術大師米開朗基羅隱身4年的曠世巨作
展出地點：西斯汀禮拜堂，參見P.102～103

表現上帝創造世界的宏偉氣勢

　　西元1506年時米開朗基羅受到教宗的徵召，前往羅馬打造教宗陵墓，後來發生了些波折，米開朗基羅憤而返回佛羅倫斯，並寫了一封信告訴教宗，如果需要他就自己來找他。

　　後來米開朗基羅好不容易被說服，但得到的新任務卻是負責西斯汀禮拜堂的內部裝飾。米開朗基羅認為自己只是雕刻家，並不願意接下這項工作，然而最後還是在教皇的堅持下，勉為其難的進行。

呈現《創世記》與人類的墮落

　　一開始繪畫並不順利，門徒的作品都無法令他滿意，最後他將所有門徒趕出禮拜堂，自己關在19公尺高的天頂創作。也就是這樣，我們現在才有幸看到這幅曠世巨作。

　　西元1508～1512年間，桀驁不屈的米開朗基羅花了4年的時間，仰著頭、曲著身子全心創作，在280平方公尺的西斯汀禮拜堂天頂上繪了將近300尊充分展現力與美的人像，完整地呈現出開天闢地的創世紀與人類的墮落。也因為這樣的長期創作，後來米開朗基羅拿到書信都不自覺地仰起頭來看。

上帝之手，天頂的畫作

　　天頂的畫作一一展現上帝創造畫夜、日月、海陸、亞當、夏娃、伊甸園、挪亞獻祭、大洪水、與酩酊大醉的挪亞。周圍的高窗則描繪出預知耶穌到來的先知(其中一幅手掩著臉的Hieremtas，就是

博物館內唯一不可拍照之處，可坐下來安靜地欣賞大師畫作

米開朗基羅的自畫像)，在巨大的人形間，又以異國的女預言家穿插其間，框邊還有許多人物像。四角展現的則是象徵著人類救贖的拯救猶太人寓意畫。

　　米開朗基羅將他擅長的人體雕刻，淋漓盡致地表現在人體繪畫上，每位健美的身形，藉由生動的扭轉，表現出人體的力與美。雖有這樣多的群像表現，但大師並非採以史詩性的敘述繪法，而只取關鍵重點的獨創表現方式，因此仍得以呈現出簡潔、不混亂的構圖。

　　中間長形的繪圖中，有一幅是「上帝創造亞當」，當上帝創造之手，傳給了第一個人類亞當時，象徵著人類從沉睡中甦醒，開啟了俗世的生命與愛。米開朗基羅利用如此簡單的構圖，卻充分展現出上帝創造宇宙萬物的雄偉氣勢，以及上帝從容不迫的全能神蹟。這可說是創世紀這幅巨作的創作原點，同時也代表著米開朗基羅的個人信念——「唯有創造的手，才是有生命之手。」

圖解《創世記》

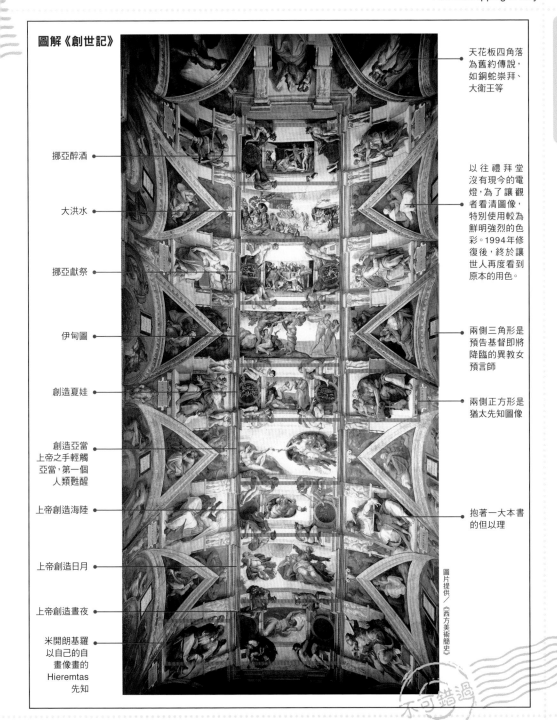

天花板四角落
為舊約傳說，
如銅蛇崇拜、
大衛王等

挪亞醉酒

大洪水

以往禮拜堂
沒有現今的電
燈，為了讓觀
者看清圖像，
特別使用較為
鮮明強烈的色
彩。1994年修
復後，終於讓
世人再度看到
原本的用色。

挪亞獻祭

伊甸園

兩側三角形是
預告基督即將
降臨的異教女
預言師

創造夏娃

兩側正方形是
猶太先知圖像

創造亞當
上帝之手輕觸
亞當，第一個
人類甦醒

上帝創造海陸

抱著一大本書
的但以理

上帝創造日月

上帝創造晝夜

米開朗基羅
以自己的自
畫像畫的
Hieremtas
先知

圖片提供／《西方美術簡史》

不可錯過

畫2作 米蘭，達文西《最後的晚餐》
L' Utima Cena

推薦理由：為人類藝術史上劃時代之作，深刻刻畫聖經故事的瞬間場景
展出地點：感恩聖母教堂，參見P.176

清楚刻畫門徒與耶穌瞬間神情

達文西在米蘭停留的16年裡，雖然完成的作品不多，但是卻留下了人類藝術史上的劃時代作品《最後的晚餐》(1498年完成)。一般人更以這幅畫完成的時間為「文藝復興極盛期」的分水嶺。

餐室裡的餐室，捕捉耶穌與門徒的精采表情

這幅畫繪於米蘭感恩聖母教堂的修道院用餐室牆壁上，以長條桌的方式呈現，讓畫中人物都能面向觀眾，並清楚地刻畫出每位使徒瞬間表現出來的驚訝、哀傷等複雜情緒。

這幅畫繪於西元1495～1498年間，高達4.6公尺，寬為8.8公尺。繪畫主題取自聖經馬太福音26章，描繪出耶穌遭羅馬兵逮捕的前夕，和12門徒共進最後的晚餐時預言：「你們其中有一人將出賣我。」門徒們聽聞，顯得驚慌失措，紛紛問耶穌：「是誰？」的瞬間情景。而坐在耶穌右側，一手抓著出賣耶穌的錢袋，驚慌地將身體往後傾的就是猶大(左邊第四位)。越靠近耶穌的使徒越是激動，而坐落其中的耶穌卻顯得淡然自若，看出畫外的眼神，仿若已看淡世間一切，和緊張的門徒形成強烈的對比。

構圖結構－層層後退的透視景深法

達文西讓畫中食堂兩邊的牆面一格格往後退，成功地運用透視景深法，呈現出立體空間構圖，讓觀眾最後的視覺焦點集中在耶穌頭後方的窗戶，並讓人一進入用餐室，就覺得這餐廳中還有另

一間用餐室般，顯得如此真實。

整幅畫的每條分割線都以耶穌為中心點，精準地遵循三度景深焦點集中法。並以耶穌攤開的雙手形成一金字塔，12使徒3人一組，分列耶穌左右，形成波浪層次。並善加利用人物的手勢與動作，在這上下左右的騷動中，創造出沉靜穩定的構圖。

另外我們可以看到沿桌而坐的12使徒中，唯有猶大被巧妙地隔開來。當耶穌道出有人出賣了我時，其他使徒都各有動作，唯有猶大愣在那裡，聖彼得越過他與聖約翰交談，自然地讓猶大的位置往前推，呈現出孤立的隔離感。這樣巧妙的構圖，也只有深思熟慮的達文西辦得到吧！

文藝復興時期之前的聖人頭上都會頂著突兀的光環，以顯示神性。而達文西讓窗戶的光線落在耶穌頭上，自然又完美地形成神聖的光環效果，又是令人讚嘆的神來一筆！

繪畫原料 —— 蛋彩混油的乾畫法

達文西這次並沒有採用一般的濕畫法，而以蛋彩混油的乾畫法，方便反覆修改。不過這幅畫才剛完成20年，就開始褪色，期間又曾遇到戰爭，牆面也被開了一扇門，因而破壞了畫的部分。西元1977年開始大整修，一直到1999年才重新開放。雖然修復後仍有許多爭議，不過也終於能讓世人清楚地欣賞達文西完美的繪畫。

藝術初體驗

圖解《最後的晚餐》(L'ultima Cena)

圖片提供／《西方美術簡史》

3人一組的12使徒，利用人物的手勢與動作，在沉穩的構圖中，呈現出不安的氣氛。

小雅各與安德烈急忙舉起手說：「不是我！」

格格往後縮小，營構出立體空間感。

急性了的彼得轉身跟聖約翰說話時，手還握著餐刀，並自然地將猶太往前擠，與眾人分隔開來。而猶太一聽到耶穌的預言，一臉驚駭，手緊握著出賣耶穌的報酬，姿態剛好與平和的耶穌成對比。

有學者解碼出，將桌上的麵包套入樂譜，能彈奏出讚美詩

老雅各和多馬急忙問耶穌：「到底是誰？」

腓力摸著胸口說：「我是清白的。」

馬太伸長脖子問：「到底是誰會幹這種事啊？」

位居其中，攤開雙手的耶穌形成金字塔形，景深效果會讓觀眾的視覺焦點最後落在耶穌頭上後方的窗戶，並自然形成神聖的光環效果。據說達文西當時並沒有畫耶穌的臉部，這是學生奧吉歐後來依草圖畫上的。

人物以三人一組，分別在耶穌兩側。

西門和達太攤開道：「我不知道！」

達文西作品的偉大之處
對人性、自然及形體的深刻研究，不須犧牲素描的精確性，同時還能留給觀者一些值得反覆揣想的灰色空間，並能達到優美和諧的整體完美性，讓作品展現出空前絕後的深度。

不可錯過

畫3作 羅馬，米開朗基羅《最後的審判》
Giudizio Universale

不可錯過

推薦理由：欣賞米開朗基羅最後巨作，展現絕美的人體姿態
展出地點：西斯汀禮拜堂，參見P.102～103

取自但丁神曲場景，描繪出衝擊與信念

西斯汀禮拜堂的天頂畫完成後29年，米開朗基羅再度提筆繪畫禮拜堂內的另一面空白牆面，於西元1535～1541年，在他66歲完成最後一幅巨作《最後的審判》。

整幅畫以基督為中心，其果決的身形，舉起右手，準備做出最後的審判，周遭圍繞著焦慮不安的聖徒，上層為吹著號角，宣告最後的審判即將開始的天使，下層則是從墳墓中拉出的死去靈魂，左邊是得救將升天的靈魂，右邊為將要下地獄的罪人。基督左側手持鑰匙的是大門徒聖彼得，要求基督給予公正的審判。

生動的人物群像與色彩對比

整個場景取自但丁神曲的地獄篇，反映當時紛亂、腐敗的社會現象，同時也展現天主教徒在宗教革命中所面臨的衝擊及永持在心中的堅定信念。

在色彩運用部分，以中間的耶穌及圍繞在身邊的聖母與12使徒最為明亮，和等待接受審判的陰暗群眾形成強烈對比。

米開朗基羅靈巧地運用人體透視畫法，繪出生動的人體姿態，成為後代畫家的臨摹標準。基於對藝術的堅持，均以裸體呈現人像，但這在當時卻引起道德爭議，教宗還曾命人畫上遮布，後來才又清除這多此一舉的部分，重現大師的原始創作。

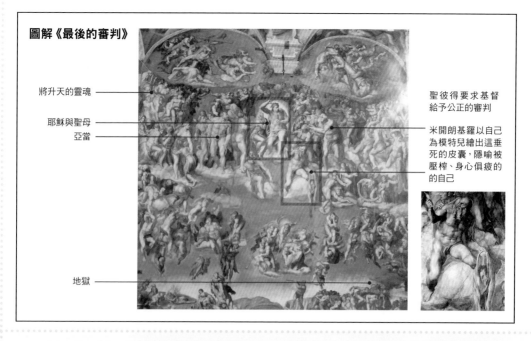

圖解《最後的審判》

將升天的靈魂

耶穌與聖母
亞當

聖彼得要求基督給予公正的審判

米開朗基羅以自己為模特兒繪出這垂死的皮囊，隱喻被壓榨、身心俱疲的的自己

地獄

畫**4**作 **羅馬，拉斐爾《雅典學院》**
Stanze di Raffaello-La Scuola d'Atene

推薦理由：**以畫作重現文藝復興時期，文人學者辯論真理之盛況**
展出地點：**梵蒂岡博物館，參見P.102～103**

柏拉圖與亞里士多德的辯證場景

拉斐爾(Raffaello Santi,1483～1520)受教皇之命，重新裝潢梵蒂岡宮殿內的4間房間，這4間房間因而取名為拉斐爾室，其中以顯靈室(Stanza della Segnatura)最受矚目，內有象徵哲學與科學的拉斐爾代表作《雅典學院》，以及象徵神學與宗教的《聖禮辯論》、文學與音樂的《帕那薩斯山》、法律與道德的《基本三德》。

《雅典學院》於西元1508～1511年完成，繪出希臘哲學家柏拉圖與亞里士多德辯論真理之景象，四周則是數學家、文學家等各領域的文人學者，或是隨意倚靠，或是熱烈地討論，生動呈現古典人文學者與基督教追求真理的景況，透過構圖呈現出一種和諧的莊嚴感，可說是當時文藝復興盛期的素描。讓後世人觀畫時，不禁生出一份感動、一份嚮往。

圖解《雅典學院》

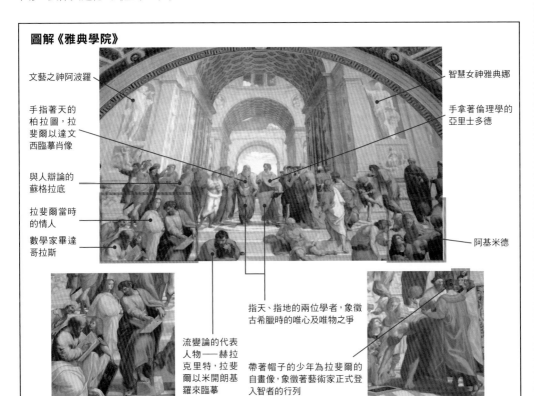

文藝之神阿波羅

手指著天的柏拉圖，拉斐爾以達文西臨摹肖像

與人辯論的蘇格拉底

拉斐爾當時的情人

數學家畢達哥拉斯

智慧女神雅典娜

手拿著倫理學的亞里士多德

阿基米德

指天、指地的兩位學者，象徵古希臘時的唯心及唯物之爭

流變論的代表人物——赫拉克里特，拉斐爾以米開朗基羅來臨摹

帶著帽子的少年為拉斐爾的自畫像，象徵著藝術家正式登入智者的行列

透過音樂看義大利

義大利除了可以從藝術的多角度認識之外，從音樂的角度來接觸這個繽紛的國度，也相當有意思。

譬如即將第一次拜訪義大利者，可以透過柴可夫斯基的《義大利綺想曲》(Capriccio Italien)來與義大利做初次的交流，隨著樂曲鋪陳，從拿坡里到威尼斯民歌、再到快板的南部舞曲，在這些交疊的情懷中，慢慢圍畫出義大利印象。

若想感受義大利四季風情、大自然的美音，那麼韋瓦第的《四季》(Le quattro stagioni)當然最適合不過了。

(照片提供：攝影師Fainello／Courtesy of Fondazione Arena di Verona)

著名歌劇大師與歌劇女伶

普契尼(Giacomo Puccini)

普契尼(1858～1924)的特色是旋律起伏較小，但旋律性較強，彷如深情款款、溫婉述說著故事。

普契尼的故鄉是托斯卡尼的城鎮路卡Lucca，故居已改為博物館，每年夏季會在他長居的濱海別墅舉辦普契尼音樂節(Puccini Festival，www.puccinifestival.it)。

羅西尼(Gioachino Antonio Rossini)

出身於音樂世家的羅西尼(1792～1868)，在波隆那學習音樂期間，自己從海頓及莫札特的曲子中琢磨出作曲的技巧。這位以貪吃聞名的大師，曾說自己一生哭過三次，一次是《理髮師》首演失敗，第二次是聽帕格尼尼的演奏，第三次則是看到烤鵝掉進河裡。其代表作是《塞維利亞的理髮師》，而爆血管的羅西尼牛排(菲力牛排+鵝肝+松露+瑪莎拉酒做成的佐醬)，也是他的另一代表作。

威爾第(Giuseppe Verdi)

　　威爾第(1813～1901)最大的特色是能讓整個樂性與樂隊、樂器配合得天衣無縫，讓聽者感受到一氣呵成的快感，作曲風格也較為豪放不拘，旋律起伏較大，多以一般平民百姓為創作主題。歌劇主重於人物內心的刻畫，這與莎士比亞的作品很像，因此他所創作的莎士比亞歌劇《馬克白》、《奧泰羅》都深受歡迎。

　　威爾第19歲時決定往音樂發展，但卻因為年紀太大無法進米蘭音樂學院，只好轉向私人老師學音樂、指揮。1835年終於如願獲得指揮工作，雖然第一部歌劇《奧被爾托》(1839年)在米蘭史卡拉歌劇院發表後大獲成功，但兩個孩子與妻子相繼過世，以及後來發表作品的失敗，讓他跌入低潮。幸運的是，第三部歌劇《納布科》在維也納、倫敦、紐約大受歡迎，一直到1849年間，可說是他的創作高峰，共推出20多部作品。

瑪麗亞卡拉斯(Maria Callas)

　　瑪麗亞卡拉斯(1923～1977)為希臘人，在父母移居美國後誕生，1977年逝世於巴黎，享年54歲。當她開始登上米蘭史卡拉歌劇院後，備受全球樂迷的矚目。即使她的聲音可能不是最完美的，但卻是最能融入歌劇角色中，詮釋出最動人的樂音，因此至今仍有許多人認為她是「歌劇中的女

王」。很可惜的是，卡拉斯原本與義大利富商結婚，後來卻愛上希臘船王歐納西斯這位花花公子，最終因歐納西斯愛上甘迺迪總統夫人賈桂琳而令卡拉斯鬱抑而終。

知名歌劇劇碼

茶花女(Traviata) 威爾第

　　這是根據小仲馬的小說《茶花女》所改編的，女主角薇奧莉塔原為商店職員，後來淪為妓女，雖然得以過著奢華的生活，但身心都承受相當大的壓力，最後身染重病。在偶然的機會遇到暗戀自己已久的阿爾弗雷德，兩人決定搬到鄉間安靜的生活。但阿爾弗雷德的父親得知後，逼迫薇奧莉塔離開他兒子，而薇奧莉塔為了阿爾弗雷德的前途，決定騙他說自己是別人的情婦而返回巴黎。阿爾弗雷德不知其中原由，憤怒的指責她為了享樂而放棄愛情，薇奧莉塔聽了傷心欲絕而昏倒。後來阿爾弗雷德的父親良心發現，告訴兒子實情，但薇奧莉塔卻已生命垂危，最後帶著遺憾離開人世。

阿依達(Aida) 威爾第

　　這是威爾第晚年應駐埃及的英國總督之請所作的，一般認為這是威爾第最成熟的作品，同時也是歌劇中登峰造極之作。故事描述將軍拉達梅

(照片提供：攝影師 Ennevi／Courtesy of Fondazione Arena di Verona)

斯不顧階級的差異，與身為奴隸的阿伊達生死相許，但滿懷忌妒的埃及公主安娜蕊絲不斷從中破壞，最後卻落得殉情的結局。這齣歌劇最有名的是詠嘆調<聖潔的阿依達>及<凱旋大合唱>。

波希米亞人(La Bohème)

4位窮藝術家同居巴黎公寓，只能靠變賣東西才能生活，有天其中一位藝術家魯道夫獨自在家時，可憐的繡花女咪咪因受不了天寒地凍，請求魯道夫讓她進屋避寒，就此譜出一段戀情，但卻因雙方的誤會，最終咪咪過世而以悲劇收場。愛情中的妒忌、痛苦、快樂與死亡，緊緊揪著觀者的心。這齣劇最著名的詠嘆調為<妳那冰冷的小手>及咪咪接唱的<他們叫我咪咪>。

杜蘭朵公主(Turandot) 威爾第

中國元朝公主杜蘭朵，為了報祖先被夜據之仇，出了三道謎題，若有人可以全部猜出，就願下嫁給他，若無法答出就得被處死。當韃靼王子卡拉富流亡到中國時，巧遇杜蘭朵，深受公主的美貌吸引，決定不顧父親及臣子的反對參加猜謎。卡富拉以「希望」、「鮮血」、及「杜蘭朵」三個答案答對了，但杜蘭朵卻不願嫁給卡拉富。於是王子出了一道謎題，如果公主能在天亮前猜到自己的名字，不但不娶公主，還願意被處死。公主並無法猜出，後來王子以吻獲得公主的真心，而王子也將他的真名告訴公主，他的名字是「Amore」(愛)。這齣戲頌揚偉大的愛情終將戰勝一切，其豐富優美的旋律，讓它成為最有魅力的歌劇作品。最著名的曲目為<公主夜未眠>(Nessum Dorma)。

如何到義大利欣賞歌劇

若想欣賞義大利歌劇，米蘭史卡拉歌劇院(Teatro alla Scala)及啟用於18世紀的拿坡里聖卡羅歌劇院(Teatro di San Carlo)、每年的維諾那古羅馬劇場歌劇季、羅馬卡拉卡拉浴場及西西里島陶爾米納的古希臘劇場夏季表演，都是相當棒的選擇。

票種：各大劇院的官方網站上會有座位圖及價位表(可直接網路購票)。舞台前的中央位置分最中間的Poltronissime gold及環繞這區的Poltronissime兩區，這兩區外圍的是Poltrone區，接著層級而上的階梯座位區分別為Gradinata Numerata、Gradinata Numerata Laterale座位。最上面的站台區則是不需預訂的區域。

網路購票與取票：可上各歌劇院、歌劇季官網，或www.ticketone.it 以及www.tickitaly.com購票。以米蘭歌劇院為例，劇院會在演出前將票寄給購票者，或者表演前到劇院購票處取票。

現場購票：可直接到當地劇院購票，有些旅遊服務中心或旅館也有代購服務。有些劇院會保留站票或當天的便宜票(Last Minute)，開演當天直接到劇院購票處登記購票。以米蘭史卡拉歌劇院為例，若當天20:00表演，當天早上09:00會開放140張優惠票，相當搶手，通常要提早去排隊等候。

西西里島陶爾米納古希臘劇場(Teatro Antico di Taormina)

遊唱詩人(Il trovatore) 威爾第

　　這是一部西班牙作品改編的歌劇,劇中的伯爵愛戀著他的侍女Leonora,但這位侍女心所屬的卻是遊唱詩人Manrico。伯爵得知後從中破壞,讓這對戀人相互產生誤會。但伯爵後來卻發現這位遊唱詩人就是被吉普賽人帶走的弟弟……這一切都是一位吉普賽女人想為自己的母親復仇而設下的殘忍圈套。

　　這齣歌劇著名的詠嘆調包括最後吟唱的<D'amor Sull' ali Rosee>(愛情乘著玫瑰色的翅膀)。

蝴蝶夫人(Madama Butterfly) 普契尼

　　美國大兵平克頓在日本駐守時與藝妓蝴蝶陷入愛河,雖然蝴蝶後來知道他在美國有位未婚妻,仍堅持與他結婚。3年後平克頓返美,蝴蝶在他離開後才發現自己有了身孕,獨自生下孩子。多年後,蝴蝶好不容易盼到平克頓回到日本,但身邊伴隨的卻是美國的妻子,並準備帶走他們的孩子。後傷心欲絕的蝴蝶,在與兒子玩捉迷藏蒙住他的眼睛時,到屏風後自殺了結這段哀苦的愛情。

費加羅婚禮(Le Nozze di Figaro) 莫札特

　　故事主要描述公爵的理髮師兼僕人費加洛,興高采烈地與伯爵夫人的侍女蘇珊娜準備婚禮,但伯爵卻愛上蘇珊娜,極盡所能的破壞他們的婚禮。但堅貞的愛情讓他們排除萬難,有情人終成眷屬地完婚。

　　這個歌劇最大的意義在於作曲當時是封建社會,莫札特想藉這部歌劇呈現出他想擺脫封建制度的腐敗,追求自由的渴望。

女人皆如此(Così fan tutte) 莫札特

　　18世紀時,一位老光棍跟兩位拿波里軍官打賭女人皆不堅貞,不值得信賴。但這兩位軍官卻堅信自己的未婚妻絕不會背叛他們。於是老光棍要這兩位軍官向自己的未婚妻說要出征,再將兩位打扮成異國紳士,而兩位軍官的未婚妻最後竟然受不了誘惑而要背叛自己的未婚夫。就在婚禮進行到一半時,響起特意安排的凱旋號角聲,兩位軍官揭開自己的身分,老光棍因而贏得這場騙局。但他最後良心發現,決定讓兩對情人彼此寬恕,來個圓滿的大結局。

(照片提供:攝影師Brenzoni／Courtesy of Fondazione Arena di Verona)

(照片提供:攝影師Fainello.／Courtesy of Fondazione Arena di Verona)

開始到義大利
購物&看藝術

義大利必看
景點與畫作
Must Sees

永恆之城，藝術古都 ——
羅馬及梵蒂岡城

羅馬(Roma)這永恆之城，自古羅馬帝國時期就是義大利首都，同時也是世上最古老的首都、西方文明蓬勃發展的舞台。這裡所擁有的藝術、歷史寶藏，是他處無可比擬的。因此，羅馬古城早在1980年就已列為世界文化遺址。每當8、9月份的陽光斜照在古城房舍時，那金燦醉人的古城風光，還真會令人無法自拔地愛上羅馬城。

輝煌的羅馬帝國

古羅馬帝國時期可說是羅馬最輝煌的年代，版圖跨越歐、亞、非，這時期也建造了許多充分展現羅馬帝國氣勢的偉大建築，像是競技場、古羅馬議事場及大大小小的公共浴池。後來於395年，羅馬帝國分裂為東、西羅馬帝國。西羅馬帝國亡於476年，而東羅馬帝國(也就是拜占庭帝國)也於1453年被鄂圖曼(土耳其)帝國滅亡。滅國之前，有大批人文學家、藝術家由君士坦丁堡(今伊斯坦堡)逃往義大利，將東羅馬帝國的古典文化注入歐洲，促進了文藝復興運動，創造人類史上最光輝燦爛的時期。

榮耀羅馬城

然而，羅馬帝國衰亡時，羅馬城其實已經有點殘破，不如佛羅倫斯、米蘭及威尼斯般富裕繁榮，一直到後來教皇選擇在羅馬設立教廷，決定要將羅馬建設成可榮耀上主的聖地時，才重新規畫羅馬城，偉大的聖彼得大教堂就是在此時興建的。此外，還大力修復古老建築，改建教堂、堡壘(聖天使堡)等。這樣的工程進行了約1世紀，也剛好趕上文藝復興的極盛期，名副其實地成為全球的藝術中心。

神聖的獨立邦國——梵蒂岡城Vatican City

基督教於西元313年開始為羅馬帝國的國教，後來才分為新派的基督教及舊派的天主教，而梵蒂岡教廷即為天主教的中心。1870年義大利統一後，教廷自己的國土都併到

義大利，後來墨索里尼為了利用教宗的力量，讓教廷仍擁有自己的領地，這才讓占地並不大的梵蒂岡城獨立為一個邦國，並發行自己的貨幣與郵票。

旅遊路線規畫

Day 1 聖彼得大教堂、梵蒂岡博物館、Via Cola di Rienzo購物、人民聖母教堂、國立二十一世紀藝術博物館

Day 2 波爾各賽美術館、聖母瑪利亞大教堂、鎖鏈聖彼得教堂、競技場、議事場、瓦倫蒂尼宮、威尼斯廣場、多利亞‧潘菲利美術館、許願池、西班牙廣場

Day 3 萬神殿、那佛納廣場、花之廣場、越台伯河法爾內塞別墅、越台伯河聖母大殿、城外聖保祿大殿

羅馬藝術景點地圖

教堂

全球第一大教堂
聖彼得大教堂及廣場
Basilica San Pietro & Piazza San Pietro

✉ Piazza San Pietro ☎ (06)6988-3731；導覽預約電話(06)6988-5100；聖彼得之墓預約電話(06)6988-5318 ⏰ 大教堂07:00～18:30(夏季～19:00) 🚫 無 💰 教堂免費 🚇 地鐵A線至Ottaviano站，步行約5分鐘；由特米尼火車站搭乘64號公車到大教堂城牆旁(搭車要注意扒手)、由競技場搭乘81號公車(到Piazza Risorgimento) 🌐 www.vatican.va

聖彼得大教堂的大圓頂

無論在羅馬哪個角落都可看到的聖彼得大教堂大圓頂，高達119公尺，米開朗基羅透過這明快簡潔的設計，來讚頌上主，只可惜圓頂在大師過世後才完成。

除了大圓頂之外，一進教堂的右手邊，就會看到《聖殤》(Pieta, 1498)雕像，這也是米開朗基羅的巨作。這件作品充滿了希臘古典藝術的優雅，與其他作品較為不同的是，米開朗基羅特意將聖母雕飾得相當年輕，且沒有喪子的悲慟之情，純熟地展現出聖母超脫世俗的精神。這件作品在米開朗

玩家帶路

1.在教堂內還可看到許多信徒耐心地排隊，他們是為了要撫摸聖彼得銅像的右腳。此外教堂內還有聖彼得之墓(08:00～17:00，夏季～18:00，只接受預約參觀)、歷代教皇之墓(Sacre Grotte Vaticane)與珍寶博物館，遊客還可登上圓頂眺望整個羅馬城(建議搭電梯，7歐元)。2.廣場邊設有梵蒂岡郵局，可以在此寄張蓋有梵蒂岡郵戳的明信片紀念。

在大圓頂上看到的景象

基羅25歲時就完成了，因此，許多人都不敢相信這位年輕人能雕出這麼純熟的作品。有人竟宣稱要

《聖殤》，米開朗基羅

聖體傘

光輪

以其他藝術家之名發表，米開朗基羅一聽到這樣的消息，當晚就憤然潛入教堂在作品刻上名字，這也是唯一一件署名的作品。後來雕像的腳指頭曾遭人破壞，所以目前雕像以玻璃保護。

巴洛克大師貝尼尼亮眼之作

教堂內，巴洛克大師貝尼尼的作品也搶盡風頭地跳入參觀者的眼中。其中尤以高達29公尺的聖體傘(Baldacchino)最為亮眼。華麗的旋轉頂篷立於聖彼得的墓穴上，圓頂上自然灑入的光線，與聖體傘相互輝映，讓人感受到人類創作與大自然的和諧交織。而遠遠就可看到金碧輝煌的「光輪」，由青銅鍍金天使及光圈封存聖彼得講道的木製寶座。此外，象徵著真理、正義、仁慈與審慎的亞歷山大七世墓碑，充滿豐富情感的作品，是貝尼尼奉獻給這座偉大教堂的最後一件作品。

聖彼得廣場，142尊壯觀聖徒雕像

貝尼尼的作品可不只在教堂內，還未踏進教堂，教堂前的廣場，就是大師的作品。貝尼尼對這座廣場的設計，可說是費盡心思。最初始的創作意念是要人轉出彎彎曲曲的小巷後，看到聖彼得廣場排立的雄偉圓柱，環拘著聖彼得大教堂，自然感受那股排山倒海般的氣勢。只可惜這樣戲劇化的效果，竟被墨索里尼在教堂前所開出的大道破壞殆盡。

除了建築壯觀之外，每到天主教節慶時(尤

圓柱迴廊共有4排柱子，但只要站在廣場的方尖碑兩側圓石地板上(石板上寫著Centro del colonnato)，4排柱子看起來就會神奇地變成一排。面向教堂右側，拿著一把劍的是聖保祿雕像；面向教堂左側，拿著一把鑰匙的是聖彼得雕像

其是復活節與耶誕節)，廣場擠滿等待著教宗的信徒；在聖年，教堂的銅門(聖門)才會開啟，教宗會持鎚在堵封聖門的磚牆上敲三下並誦念祝禱文。

玩家小叮嚀

教堂跟博物館參觀時間至少約需2小時(通常還要加上1小時不等的排隊時間)，另也可事先預約參觀梵蒂岡花園。此外，進入教堂，務必穿著適宜。

穿無袖及短褲不宜入內參觀

圖解聖彼得大教堂

- 13尊雕像為耶穌及12使徒
- 米開朗基羅設計的大圓頂
- 高25.5公尺的埃及方尖碑，於西元一世紀移放到聖保羅殉教的地點
- 教宗發表演說的「祝福陽台」
- 25年才開一次的聖門
- 梵蒂岡博物館
- 博物館入口在這一側，需繞到教堂後面
- 貝尼尼設計的聖彼得廣場與迴廊
- 大教堂入口

美術館／博物館

蒐羅歷代教皇珍貴收藏

梵蒂岡博物館
Musei Vaticani

✉ Piazza San Pietro ☎ (06)6988-4676；導覽預約(06)6988-5100 ⏰ 梵蒂岡博物館09:00～16:00(18:00閉館)；每個月的最後一個星期日免費參觀(09:00～12:30，14:00閉館) 🚫 週日，除每月最後一個星期日09:00～12:30開放免費參觀外，1/1、1/6、2/11、3/19、復活節、5/1、6/29、8/15～16(或8/14～15)、11/1、12/8、12/25、12/26 💲 博物館17歐元(優惠票8歐元)；網路預約費4歐元 🚇 地鐵A線至Cipro Musei Vaticani站，步行約5分鐘；或由特米尼火車站搭乘64號公車(到大教堂城牆旁)、由競技場搭乘81號公車(Piazza Risorgimento下車) 🌐 www.museivaticani.va ℹ 每週四會不定期舉辦藝術講座

這座位於聖彼得大教堂北側的梵蒂岡宮，展出歷代教皇的珍貴收藏。博物館收藏豐富，只有一條參觀路線：

- Pio Clementinoe館：多為希臘羅馬雕刻作品，包括深刻雕繪情緒的《勞孔父子群像》(參見P.104)。
- Chiaramonti館：這是由雕刻家卡諾瓦設計的廳室，共有一千多座雕刻作品。
- Braccio Nuovo新迴廊及Bibilioteca Apostolica Vaticana圖書館：收藏許多珍貴的天主教相關書籍及文物。
- 埃特魯斯坎及埃及館：展出埃特魯斯坎時期及埃及的考古文物。
- 掛毯畫廊：這十件畫毯是依拉斐爾的草稿織製的，每件造價高達2千金幣。
- 拉斐爾室(參見P.91)。

- 西斯汀禮拜堂：米開朗基羅大作《創世紀》及《最後的審判》(參見P.86、90)。
- 繪畫館(Pinacoteca)：內有達文西、拉斐爾、提香等大師作品，最受矚目的為卡拉瓦喬的《基督下葬》(The Entombment，參見P.104)。
- 螺旋迴梯：Giuseppe Momo令人神迷的空間設計，為這座美麗的藝術殿堂劃下完美的句點。

西斯汀禮拜堂之教宗遴選(Capella Sistina)
每次遴選教宗即是在此舉行，並透過煙囪告知世人遴選情況，黑煙表示表決未超過2/3票數，白煙則表示表決超過2/3票數，順利選出新教宗。

認識聖彼得
聖彼得是耶穌的大門徒，因此有足夠的份量獲選為梵蒂岡守護聖人。原想逃走的他，晚年盡心傳教，為了避免被迫害，甚至選擇在地下墳場傳教，但仍難逃羅馬政府對基督教的壓制。他被處刑前，要求把自己倒立釘在十字架上，說道：「我的主曾為我豎立在十字架上，我不配像他一樣受死。」

朱利亞斯二世教皇Julius
14世紀初法籍克里門五世教皇將教廷遷往法國後，羅馬沒落蕭條，直到15世紀馬丁五世教皇遷回羅馬，決定重建羅馬。而後來1447年尼古拉五世上位後，開始步入文藝復興時期，他自己就是一位人文主義者，廣邀各方學者到羅馬編撰古籍，這時的羅馬市景也終於恢復榮景。

16世紀，可說是羅馬的時代，也是堅毅強大的朱利亞斯二世教皇上場的時代。他不但自己披掛上陣征服各諸侯領地，還邀請米開朗基羅、拉斐爾等藝術家，大刀闊斧建設羅馬，現存在羅馬最重要的建築、雕刻、繪畫，幾乎都是這個時期成就出來的。

博物館出口處的階梯，美麗的造型，總是讓遊客忍不住按快門

圖解梵蒂岡博物館

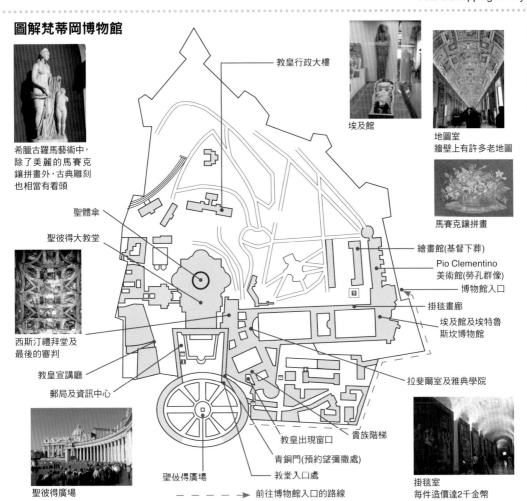

希臘古羅馬藝術中，
除了美麗的馬賽克
鑲拼畫外，古典雕刻
也相當有看頭

教皇行政大樓

埃及館

地圖室
牆壁上有許多老地圖

馬賽克鑲拼畫

聖體傘

聖彼得大教堂

繪畫館(基督下葬)

Pio Clementino
美術館(勞孔群像)

博物館入口

掛毯畫廊

埃及館及埃特魯
斯坎博物館

西斯汀禮拜堂及
最後的審判

教皇宣講廳

郵局及資訊中心

拉斐爾室及雅典學院

教皇出現窗口

貴族階梯

青銅門(預約望彌撒處)

教堂入口處

掛毯室
每件造價達2千金幣

聖彼得廣場

聖彼得廣場

－－－－－▶ 前往博物館入口的路線

建議參觀路線

閉館前1個半鐘頭前往梵蒂岡博物館比較能避開人潮，不太需要排
隊，不過需要注意剩餘的參觀時間。進場時需通過安全檢查，如有
東西不可帶入，安全人員會請你參觀後到出口處領取。購票處在2
樓，入場後上樓可租語音導覽(7歐元，有中文)。

諮詢處這裡可租借語音導覽

參觀路線只有1條，只要依
Chapel Sistina指標走即可。西
斯汀禮拜堂位在博物館盡頭，
時間有限者可直接前往，但若
要參觀所有展覽室的話(包括拉
斐爾室)，則需依指標一間間瀏
覽，否則要回到入口處重走一
趟(快速步行全程約20分鐘)。

玩家帶路

在真實之口
附近的山坡
上，可從馬爾
他騎士團長
別墅的鑰匙
孔，一次看到
三個國家：
馬爾他騎士
團國、梵蒂
岡教廷國、
義大利。

藝術貼近看

ART1. 《勞孔父子群像》(Laocoon and his sons, 世紀初期)

這座雕像於西元前1506年出土，描述特洛伊城的祭司勞孔告誡人民不可接受藏有希臘軍的木馬，而當眾神看到他們的計謀可能因此失敗時，派了兩條巨大的海蛇纏住勞孔的孩子。我們從雕像上可清楚看到孩子無辜的呼救、父親臉上痛苦的神情，以及掙扎於海蛇的肌肉與手臂，強烈地表達出騷動不安、痛苦掙扎的情緒。

由這座雕刻我們可以看到，藝術家已經逐漸擺脫宗教束縛，想要盡情玩藝術，讓藝術達到神乎其技的完美表現。爾後世世代代的藝術家，都深受這樣的創作精神所感動、啟發。

勞孔的面部表情

勞孔手臂

勞孔之子

勞孔之子

ART2. 卡拉瓦喬(Caravaggio)，《基督下葬》(The Entombment of Christ, 1602～1604)，繪畫館

卡拉瓦喬在這幅畫中，運用光線來表現出人體、物件的質感。尤其是人物肌理的描繪，完美地展現出那股人類對死亡的無力感。整個構圖以螺旋狀旋轉而下，由右側舉起雙臂的婦人、彎腰想要撫摸愛子的聖母、蒼白的基督垂手、一直到最底端的白布，畫中的6組人物，創造出緊密的戲劇張力。(耶穌手觸地意喻耶穌來到人間，世子因此了解天堂的存在)

不只是在構圖上而已，卡拉瓦喬也讓畫中人物的情緒螺旋而降，從右側高舉著手、無法接受這個事實的婦女、悲傷的聖母、到最後一臉平靜，甘願為世人贖罪的耶穌。而扶著基督的男子，臉朝向觀眾，就像在跟觀者說：我們就要將為我們贖罪的上主之子放入墓中了。

繪畫館內還有一幅達文西所繪的苦行僧《聖傑洛米》，老態龍鍾的身形，卻同時展現出聖徒內心的激動。

石板的尖角似乎已突破畫布

義大利必看景點與畫作

羅馬及梵蒂岡城・佛羅倫斯・威尼斯・米蘭

✉ Viale delle Belle Arti, 131　☎ (06)3229-8221　⏰ 週二～週日08:30～19:30　🚫 週一、1/1、5/1、12/25　💲 10歐元(優惠票5歐元)　➡ 地鐵A線到Flaminio站，接著轉搭電車3或19號到Viale delle Belle Arti　🌐 lagallerianazionale.com

位於波爾各賽公園內的美術館，創立於1883年，擁有義大利境內最豐富的現代藝術品。

主要收藏19～20世紀的繪畫與雕刻作品，雕刻以新古典主義作品為主，繪畫方面除了義大利的現代作品外，還包括法國印象派的作品，像是莫內的蓮花池，以及克林姆的《女人的3個階段》、梵谷的2幅肖像畫、塞尚、米羅、康丁斯基、義大利表現主義畫家莫迪里亞尼(Amedeo Modigliani)等現代大師的作品。

在羅馬看多了古典藝術，想要換換藝術風格，這就是最佳地點。再加上，這裡幽靜的環境，可讓人好好放鬆心情欣賞藝術。

莫迪里亞尼，
Anna Zborowska,
1917

藝術貼近看

ART1. 克林姆(Kilmt), 《女人的三個階段》(The Three Ages of Woman),1905

雖然館內只有一幅克林姆的作品，但對克林姆的畫迷來講，就已值回票價了。

畫面中最左側的老婦，克林姆藉由拉長的身形、乾癟下垂的胸部、手臂、鼓起的肚子，將歲月的痕跡表露無遺。中間的年輕少婦，以一條藍色的薄紗纏繞著身體，閉著眼睛，抱著沉睡中的女嬰，渾身散發著母愛的光輝。這是克林姆對女人3階段的省思，也是畫家成熟期之作，這幅畫之後才出現最著名的《吻》(The Kiss)。

圖片提供／《藝術裡的祕密》

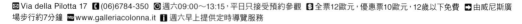

美術館／博物館

私人宅邸為前身，美麗的藝術隧道最是迷人
科隆那美術館
Galleria Colonna

✉ Via della Pilotta 17　☎ (06)6784-350　🕐 週六09:00～13:15，平日只接受預約參觀　💶 全票12歐元，優惠票10歐元，12歲以下免費　🚶 由威尼斯廣場步行約7分鐘　🌐 www.galleriacolonna.it　ℹ 週六早上提供定時導覽服務

占地廣大的科隆那美術館，入口卻在隱密的後巷

　　科隆那美術館原為科隆那家族的宅邸，自西元1424年起，共有20多代子孫在此生活過，期間也曾招待過但丁及許多名人，目前看到的宮殿規模是17～18世紀時擴建的。

　　科隆那美術館啟用於西元1703年，整條走廊，掛滿了私人收藏，在富麗堂皇的宮殿中，形成一條美麗的藝術隧道。較受矚目的作品包括科爾托那的《耶穌復活與科隆那家族》。除了繪畫收藏之外，還可欣賞富麗堂皇的寓所。目前仍保留完整當時家族成員所使用的精緻家具與奢華布置。

美術館／博物館

義大利雕刻藝術典藏之地
波爾各賽美術館
Galleria Borghese

✉ Piazza Scipione Borghese 5　☎ (06)8413-979(資訊)；(06)328-10(預約，只接受預約入場，最好提早預約)　🕐 週二～日08:30～19:30　🚫 週一　💶 大人17歐元(含2歐元線上預約費及導覽費)，Roma Pass適用　🚇 地鐵A線至Spagna站坐上手扶梯往Borghese方向出口，出地鐵站左轉直走進公園依指標步行約15分鐘，或轉搭52、53、910、116、號公車或電車9、3　🌐 www.galleriaborghese.it (預約www.ticketone.it)

　　廣大綠園內的17世紀歡樂宮，為紅衣主教Borghese的宅邸，他擁有羅馬最豐富的私人收藏，後闢為美術館。

　　1樓部分為雕刻作品，大部分為卡諾瓦以及貝尼尼的作品，著名的作品有卡諾瓦的《寶琳波·那帕提》(Pauline Bonaparte)(18室)和6座貝尼尼最棒的雕刻，畫作方面則有卡拉瓦喬《提著巨人頭的大衛》及《拿水果籃的少年》(14室)。2樓還有提香(Tiziano)的《聖愛與俗愛》(Sacred and Profane Love)(20室)、拉斐爾《卸下聖體》(Deposition)(9室)、魯本斯(18室)、科雷吉歐的Danäe、巴薩諾(Bassano)等大師作品。

藝術貼近看

ART1. 貝尼尼(Bernini)，《阿波羅與達芬妮》(Apollo and Daphne,1622～1625)

高達243公分的卡拉拉大理石雕像，是波爾各賽家族委託貝尼尼進行的最後一項作品。貝尼尼生動地雕刻出即將變成月桂樹的女神達芬妮，以及苦苦追求著她的太陽神阿波羅。即使達芬妮的頭部與身體部分已漸被樹皮覆蓋，但阿波羅仍不放棄地將手放在達芬妮逐漸變成月桂樹的身體。這一段苦戀暗喻著人們總是不斷地追逐稍縱即逝的快樂，但最終留在他們手中的，只是一顆澀子。另外，《普若瑟比娜之擄獲》(Il Ratto di Proserpina)也是館內的另一巨作。

阿波羅與達芬妮的故事
淘氣的邱比特將金箭射中達芬妮後，讓她不安地直往前奔跑，卻因而躍入同樣被金箭射中的阿波羅眼中，就此深深愛上她，緊追不捨。後來達芬妮不得不向父親河神求救，河神不得已只好將女兒變成一棵靜止不動的月桂樹。

ART2. 提香(Tiziano Vecellio)，《聖愛與俗愛》(Sacred and Profane Love,1514)

這幅畫可說是波爾各賽美術館中最重要的館藏之一。為了慶祝威尼斯人Nicolò Aurelio結婚而畫的作品，不過現在的這個畫名是18世紀才取的。

畫中穿著白色禮服的就是新娘Laura Bagarotto，中間為邱比特，最右邊的是愛神維納斯。畫中的珠寶盆象徵著「享受這世上的歡樂」，而另一個點燃著上主之愛的火焰，則象徵著「天堂無窮盡的喜樂」。提香將這個場景畫在鄉間，描繪出喬吉歐擅長的牧歌式繪畫。有人認為，提香想要畫出聖愛與俗愛的分別，不過也有人認為畫家想要表現出整個宇宙的神聖完美。整幅畫充滿了陽光，展現出對愛情的祝福。

ART3. 卡拉瓦喬(Caravaggio)，《提著巨人頭的大衛》(Davide con la testa di Golia,1607)

《提著巨人頭的大衛》

卡拉瓦喬的另一幅作品－《拿水果籃的少年》
(Ragazzo col canestro di frutta, 1594)

這幅畫的主題，其實與米開朗基羅的大衛像取自同一個聖經故事，不過這兩位藝術家對同一個主題的詮釋，不但採用不同的媒體(大理石跟畫)，在手法及場景上也全然不同。

卡拉瓦喬幾乎是以全黑的背景來營構這幅畫，讓手持著刀劍的年輕大衛與剛砍下的巨人頭，突顯在觀者面前，傳達那駭人的場景，並藉用光影，細膩地表現出大衛臉上錯綜複雜的神情。也有人認為這是卡拉瓦喬的自我寫照，大衛象徵著年輕的自己，巨人頭則是成人的自己，經過人生的各種罪與罰交織後，迫切地渴求得到救贖與恩典。

ART4. 卡拉瓦喬(Caravaggio)，《聖母與毒蛇》(Madonna dei Palafrenieri)

羅馬侍從教團委託卡拉瓦喬所繪，畫中主角聖母的母親聖安娜，就是這個教團的主保聖人。畫家透過聖母與耶穌的腳踩在毒蛇上，來象徵聖母利用耶穌的純潔力量來克制原罪(毒蛇)，並將背景塗成一片漆黑，讓聖母與聖嬰彷彿躍出畫布。

(取自Wikimedia)

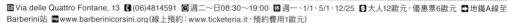

美術館／博物館

華美巴洛克建築，內藏13～16世紀繪畫

巴爾貝里尼宮
Palazzo Barberini

✉ Via delle Quattro Fontane, 13　☎ (06)4814591　🕐 週二～日08:30～19:00　🚫 週一、1/1、5/1、12/25　💲 大人12歐元，優惠票6歐元　🚇 地鐵A線至Barberini站　🌐 www.barberinicorsini.org(線上預約：www.ticketeria.it，預約費用1歐元)

這座三層拱形大別墅，是貝尼尼及博羅米尼共同打造的17世紀宅邸，為巴爾貝里尼家族的居所，可說是羅馬最壯麗的巴洛克建築之一，在羅馬假期電影中，公主最後接待國際記者的地方就是這座宮殿。

館內收藏許多13～16世紀的繪畫、陶瓷器及家具，最著名的為拉斐爾的情人《佛納麗娜》(La Fornarina)、卡拉瓦喬的《納西斯》(Narcissus)、提香、利比、提托列多，以及科爾托那的代表作《神意的勝利》(The Triumph of Divine Providence)。

美術館／博物館

市政辦公廳裡的古藝術

康比多宜歐廣場及康比托里尼博物館
Piazza Campidoglio & Musei Capitolini

✉ Piazza del Campidoglio 1　☎ (06)0608-2475　🕐 09:30～19:30　🚫 1/1、5/1、12/25　💲 展覽及博物館15歐元，優惠票13歐元。　🚇 地鐵B線至Colosseo站，過競技場往古遺跡區直走到威尼斯廣場，面向威尼斯宮向右後側上階梯，步行約7分鐘；或由Termini搭64號公車
🌐 www.museicapitolini.org

這裡曾為古羅馬的政教中心，16世紀時米開朗基羅以大石階及星狀地面，重造出廣場的氣勢。廣場兩邊的建築為新宮(Palazzo Nuovo)及監護宮(Palazzo dei Conservatori)。監護宮中世紀晚期時曾經是法院，目前部分層樓仍為市政府辦公室。新宮是1645年依照米開朗基羅的設計重建的，目前仍是市政府辦公室。

監護宮以《母狼撫育羅穆洛與瑞默斯》銅像及《拔刺的男孩》(Spinario)聞名，而新宮的收藏則以《卡比托秋的維納斯》及《垂死的高盧人》最受矚目。

↑拔刺的男孩

←垂死的高盧人

藝術貼近看

ART1. 卡拉瓦喬(Caravaggio)，《納西斯》(Narcissus, 1594～1596) 巴爾貝里尼宮

在希臘神話中，納西斯愛上了自己水中的倒影，而拒絕了所有女神的追求。卡拉瓦喬所繪的納西斯，透過漆黑的背景、強光照耀的人物，讓人感覺他完全沉迷於自己的倒影。並以光亮的膝頭為中軸，雙手彷彿貼著自己映照在水中的雙手。

館藏的另一幅畫作《朱蒂絲斬殺敵將》(Judith Beheading Holofernes)，畫中三個人物的表情尤其耐人尋味。

貝尼尼的聖安德烈教堂
(Chiesa di Sant'Andrea al Quirinale)

位於巴爾貝里尼宮不遠處的這座巴洛克風格教堂，採用橢圓形設計，以短軸的方式，讓人踏入教堂內部時，馬上能融入內部空間，並讓觀者的視線自然地延伸到雕刻上。光線則透過天頂的橢圓天窗，自然照亮教堂內部。

《納西斯》(取自Wikimedia)

ART2. 卡拉瓦喬(Caravaggio)，《女占卜師》(La Buona Ventura, 1594) 康比托里尼博物館

這是卡拉瓦喬年輕時一幅相當有趣的作品，描繪一位吉普賽占卜師抓著年輕人的手掌為他算命時，同時也趁機偷走他手上的戒指，藉此告誡大家別被迷人的表象給蒙蔽了。

其有趣的詮釋方式，在當時大受歡迎，複製畫隨處可見。羅浮宮裡收藏卡拉瓦喬所繪的第二個版本。

(取自Wikimedia)

勝利聖母教堂

ART3. 貝尼尼(Bernini)，《聖泰瑞莎之狂喜》(The Ecstasy of Saint Teresa,1647～1652)

這件作品是貝尼尼的代表作之一，描述著西班牙加爾默運動改革者泰瑞莎的神祕經驗。泰瑞莎幻想著天使將箭射向她的心臟，而昏厥的泰瑞莎後面，降下一簾瀑布般的金光。無論是雕刻本身的宗教情緒、光線、場景，都表現得淋漓盡致。

羅馬的另一座教堂St Francesco al Ripa還有座精采的作品Blessed Ludovica Albertoni，修女感受到聖喜的神情，雖然受到相當多的爭議，但當我們親眼看到這座雕像時，卻也不免跟著雕像的神情，渴望著感受到聖愛的狂喜。

➡ 地鐵A線Repubblica站，由Via Orlando出口出來，沿Via Orlando直走到S. Bernardo廣場，就在廣場噴泉的旁邊，步行約5分鐘

感受到聖悅的Ludovica Albertoni

收藏了精緻家具及400多幅畫作

多利亞·潘菲利美術館
Palazzo Doria Pamphilj

✉ Via del Corso, 305　☎ (06)679-7323　🕘 09:00～19:00　💲 12歐元　➡ 地鐵A線Flaminio站，轉搭2號電車　🌐 www.doriapamphilj.it

位於羅馬主街上的多利亞·潘菲利美術館，名稱源自聯婚的羅馬潘菲利家族及熱那亞多利亞家族。經過500多年來的擴建，為目前羅馬規模最大的私人宮殿。

由繁忙的主街轉進美術館，即可看到巧緻的文藝復興風格迴廊中庭。環繞內庭的四翼，展出這

兩個家族自17世紀以來收藏的精緻家具及400多幅畫作，其中包括西班牙國寶級

畫家維拉斯奎茲來到羅馬時，為出自此家族的教皇英諾森十世所繪的畫像，以及提香著名的《莎樂美與施洗約翰的頭顱》，還有利比·拉斐爾的作品。除了畫廊之外，也可預約參觀寓所內部，其豪華的廳堂裝置，絕對會讓觀者驚嘆不已。

位於羅馬購物主街上的私人宮殿，內擁有豐富的館藏、美麗的鏡廳

藝術貼近看

(取自Wikimedia)

ART1. 維拉斯奎茲(Velázquez)，《教皇英諾森十世》(Retrato del Papa Inocencio X)

深受卡拉瓦喬自然寫實風格所吸引的西班牙畫家維拉斯奎茲，在魯本斯的鼓勵下來到羅馬，細細琢磨拉斐爾、提香、卡拉瓦喬的畫作後，以自己獨特的色彩調和及運筆，忠實地透過神情描繪出教皇。教皇看到成品後，讚賞與不滿交雜地說了句：「太像了！」這幅畫也成了史上最傑出的寫實主義肖像作品。

ART2. 卡拉瓦喬(Caravaggio)，《逃往埃及途中》(Riposo durante la fuga in Egitto)

這幅畫與卡拉瓦喬其他著名的畫作較為不同，背景為罕見的風景畫，前景從天而降的天使，背著觀眾拉小提琴，後面的聖母則溫柔地枕在聖嬰頭上。畫的主題雖取自聖經故事，但所有人物柔和地沉浸在傍晚的光線裡，呈現出田園詩般的意境。

館內還有一幅《施洗者約翰》，其輕鬆的體態，也是相當特別的一種詮釋方式。

《逃往埃及途中》(左)，《施洗者約翰》(右)
(取自Wikimedia)

義大利必看景點與畫作

羅馬及梵蒂岡城‧佛羅倫斯‧威尼斯‧米蘭

美術館／博物館

由廢棄軍工廠搖身一變的藝術博物館
國立二十一世紀藝術博物館
MAXXI—Museo nazionale delle arti del XXI secolo

✉ Via Guido Reni, 4/A 📞 (06)320-1954 🕐 週二～日11:00～19:00，週六11:00～22:00 🚫 週一、5/1、12/25 💰 12歐元，優惠票8歐元 🚇 地鐵A線 Flaminio站，轉搭2號電車 www.maxxi.art (線上訂票 www.vivaticket.it)

原本為廢棄的軍工廠，經過名建築師札哈‧哈蒂(Zaha Hadid)的改造後，成為義大利第一個以當代創意為主題的藝術博物館。建築師設計時，特意讓博物館與周邊矮房舍同高，在融入地景的同時，又以其特殊的建築造型突出，自然展現主角的魅力。

這座占地達29,000平方公尺的博物館，包含展場、研究中心、書店、餐廳酒吧，以及現已成為附近居民最愛休憩玩樂的戶外廣場。內部設計讓人一踏進館場，彷如走進夢境，哈蒂以其獨特的流暢線條，帶領觀眾慢慢欣賞各種藝術、設計、時裝作品；另也常舉辦舞蹈、戲劇表演及電影放映，成功扮演著羅馬藝文中心的角色。

走進館內則仿如踏進奇幻夢境

館內除了輪番推出各種當代藝術展外，也永久收藏Anish Kapoor、Sol Lewitt和Maurizio Mochetti的作品。

內部線條展現建築師札哈‧哈蒂獨特的流暢性，宛如柔婉的絲帶、又如暢逸的書法

建築師札哈‧哈蒂特意讓美術館與周邊地景融合，同時又以其特殊結構突顯自身的文化角色

玩家帶路 —— 羅馬其他當代藝術展場
MACRO Testaccio藝文中心
網址：www.museomacro.org
對於當代藝術有興趣者，也可推薦到羅馬Testaccio區，逛逛由以前的屠宰場改造的藝文中心。展場旁就是著名的Mercato Testaccio市場，內有著名的牛雜三明治Mordi & Vai。而羅馬特色菜黑胡椒起司義大利麵，也可在附近的Felice a Testaccio餐廳吃到。

Centrale Montemartini博物館
網址：www.centralemontemartini.org
由Giovanni Montemartini發電廠改造的展場，在各種工業性十足的電機穿梭欣賞起百尊的雕刻作品，也是相當有趣的經驗。

DART Chiostro del Bramante修道院美術館
網址：www.chiostrodelbramante.it
重新改造過的修道院，成了新的藝術展場，還設有設計味十足的咖啡館酒吧、書店及日租公寓。

以拉斐爾濕壁畫聞名的豪宅美術館
越台伯河法爾內塞宮
Villa Farnesina

✉ Via della Lungara, 230 ☎ (06)6802-7268 🕐 09:00～14:00，每月第二個週日09:00～17:00
🚫 週日 💲 6歐元 🚌 由火車站搭64號公車到Chiesa Nuovav下車，再步行約10分鐘；由花之廣場步
行到此約10分鐘 🌐 www.villafarnesina.it

玩家帶路

這附近的街道Via del Moro、Via della Scala可找到許多有趣的小設計店，走過Sisto橋便可來到花之廣場。(見P.117)

位於越台伯河區的美麗別墅，建於16世紀初期，為典型的義式文藝復興風格建築。原是西耶納的銀行世家基吉(Chigi)家族宅邸，後轉手為法爾內塞家族及西班牙大使所有，最後才由國家購回，現為國立Lincei科學院所用。

這座美術館展覽形態有點類似佛羅倫斯彼提宮的豪宅美術館。比較特別的是，這裡有著相當精采的濕壁畫，其中最著名的是拉斐爾在賽姬陽台上所繪的邱比特與賽姬的故事。

此外，Sala di Galatea室還有另一幅拉斐爾的濕壁畫《嘉拉提亞的凱旋》(The Triumph of Galatea)，這幅畫除了拉斐爾最擅長的和諧構圖外，還難得呈現出力度與氣勢。畫中間的嘉拉提亞女神在天使、海神的簇擁下，破浪向前。這幅畫無論是人物的姿態或巧妙的色彩對比運用，在在營造出整幅畫飽滿的動感。

夜遊路線

雖然一般傳聞羅馬治安不好，但其實主要景點晚上遊客還是不少，只要避免走入煙稀少的小巷，夜燈下的羅馬城，可仿如一個珠寶盒，藏著一顆顆閃亮的鑽石等著你來探尋。

其中最推薦的路線為：
聖彼得大教堂→聖天使堡及聖天使橋→那佛納廣場(可安排在此用餐)→許願池→西班牙廣場

若還有體力，威尼斯廣場、競技場也是很棒的夜拍地點；而越台伯河區一入夜，則成了歡樂的夜生活區；或到Fonclea老音樂酒吧，跟羅馬人一起暢享音樂。

義大利必看景點與畫作　羅馬及梵蒂岡城‧佛羅倫斯‧威尼斯‧米蘭

教堂

擁有7世紀彩繪馬賽克的古教堂

越台伯河聖母大殿

Chiesa di Santa Maria in Trastevere

🖂 Piazza di S. Maria in Trastevere 📞 (06)5897-332 🕐 07:30～21:00 🚫 無 💲 免費 🚃 由Torre Argentina搭8號電車到Viale Trastevere站 (Piazza Mastai站之後)，下車沿著Via di S. Francesco走到Ripa後會看到Piazza S. Callisto，教堂座落在廣場內

建於西元337年的越台伯河聖母大殿，在梵蒂岡城建造期間，教宗曾進駐於此。據傳教堂原址在耶穌生日當天曾湧出橄欖油，因而人們在此建造一座獻給聖母的教堂。教堂內的《聖母生平》鑲嵌畫描繪的就是這個傳說。上面的天頂畫則描繪著《聖母升天圖》，神壇左側的祈禱室，還可看到7世紀的彩繪馬賽克。教堂內部金碧輝煌，當陽光由一扇扇小窗戶灑入教堂，宛如天廳。很推薦傍晚到此禮拜。

教堂立面是西元1701年由Carlo Fontana重新修建的，上方的金黃色鑲嵌畫，描繪聖母抱著聖嬰，10位手持著火炬的婦人守護在旁。

教堂

埋葬聖方濟會士與貴族骨骸之地

骨骸寺

Convento dei Frati Cappuccini

🖂 Via Veneto 27 📞 (06)8880-3695 🕐 09:00～19:00 🚫 1/1、復活節、12/25、12/31 💲 博物館8.5歐元 🚇 地鐵A線至Barberini站，由Via Veneto出口即可看到教堂，步行約1分鐘 🏠 修道院也提供住宿服務 (www.casacappucciniroma.it)

骨骸寺上面的教堂為聖方濟各教的另一個分派——加布遣會(I Cappuccini)的教堂，這個分派於16世紀中來到羅馬，最後於1631年落腳這一區。原地所後改為巴爾貝尼尼宮，目前僅保留一棟教堂，而目前所見的教堂也是1626年重建的。

教堂的地下聖堂為1732～1775年間，修道士們使用3,700多位教會兄弟的骨頭打造的死亡警醒(memento mori)長廊，最後一間小聖堂刻著很發人省思的一段話：「我們曾與你一樣，而你也將與我們一樣。」內部空間並不大，但精巧地以骨頭裝飾了6個小聖堂，每個聖堂以其使用的骨頭部位命名，例如頭窟聖堂。教堂內設有博物館，詳細說明此教會及地下聖堂的意義。

教堂旁的巴貝尼尼廣場(Piazza Barberini)，是Barberini教宗委託貝尼尼在教宗家族居所外的廣場，設計一座海神湧現於海貝吹著海螺的噴泉(Fontana del Tritone)，並將家族標誌蜜蜂設計於噴泉上。教堂旁的Via Veneto街角還有一座蜜蜂噴泉(Fontana delle Api)，喝水的蜜蜂及張開的大理石貝殼創作也相當精采。

教堂

結合5～17世紀建築風格，獻給聖母之禮
聖母瑪麗亞大教堂
Basilica Papale di Santa Maria Maggiore

✉ Piazza di Santa Maria Maggiore 42　☎ (06)483-195　◷ 夏季07：00～18：45　🚫 無　💲 免費　🚇 地鐵A/B線至Termini站，由Via Cavour出口直走約5分鐘；或搭70號巴士到Piazza Esquilino站

羅馬4座特級宗座聖殿之一，也是第一座獻給聖母的教堂。據說西元4世紀時，有位教皇夢到聖母希望他能在下雪的地方蓋一座教堂。而當時正值盛夏8月天(8月5日)，竟然神奇地在日前的教堂位址下起雪來，因此教皇下令在此建造這座獻給聖母的教堂。

而為了方便朝聖者的朝聖路線，還以這座教堂為中心，開了5條星狀的放射性道路連接其他主教堂(天主教的海星象徵著聖母)，並以另外2條路垂直相接，形成十字形，代表著羅馬為天主教聖地的神聖性。

這座教堂建於西元5世紀，結合了各時期的建築風格。5世紀留下的中殿及祭壇鑲嵌畫為最古老的部分，其中36根圓柱取自古羅馬神殿，羅馬式鐘塔源自中世紀，鑲花格的黃金天花板則是13世紀的作品，描繪著聖母加冕的場景，兩側的禮拜堂是在16、17世紀時期完成的。雙圓頂及前後門呈現出豐富的巴洛克風。

教堂

堪稱教堂之母，舊時教皇居所

拉特蘭諾聖喬凡尼大教堂
Basilica di San Giovanni in Laterano

✉Piazza S. Giovanni ☎(06)6988-6433 ◷07:00～18:30；13世紀教堂庭院09:00～18:00 休無 $免費。庭院2歐元 ➡地鐵A線至San Giovanni，出地鐵站即可看到；或搭4、15、16、85、87、93號公車到San Giovanni站

原址為拉特蘭家族所有，君士坦丁大帝與此家族聯婚時，這座宮殿為嫁妝之一。西元315～318年間，將此贈予教皇當駐地，並下令建造羅馬最大的教堂，在教皇移居法國之前，這裡一直是教皇的官方居所(地位等同於現在的梵蒂岡城)。目前仍為梵蒂岡教廷屬地，而且許多教徒仍然認為這座教堂是「所有教堂之母」，與聖彼得大教堂、城外的聖保祿大教堂、聖母瑪利亞大教堂並稱為羅馬4大教堂(這是其中最老及最大的)。

這座教堂最著名的是耶穌受難時走過的「聖階」(Scala Sancta)。相傳當時耶穌進入羅馬巡撫的衙門受審前，就是走過這28階，後來君士坦丁大帝的母親將這座台階帶回羅馬。

台階的頂端就是至聖小堂，也是教皇的私人禮拜堂，現在存放許多珍貴的聖物。內部的裝飾美輪美奐，中世紀時期有些信徒還認為這不是出自世人之手，而是天使之作。

教堂中央正門上方的雕像取自古羅馬元老院，內部的天花板雕飾及聖人雕像，都是充滿氣勢與美感的巴洛克風格作品。教堂右側的聖門象徵人們要通過基督才能獲得救恩，每25年才開放一次，左側則放著君士坦丁大帝年輕時的雕像。

藝術貼近看

城外的聖保祿大教堂 San Paolo Fuori le Mura

➡Basilica San Paolo地鐵站，出站後走過涵洞即可看到大教堂，步行約6分鐘

城外的聖保祿大教堂是羅馬特級宗座聖殿之一，最初為4世紀時君士坦丁大帝下令在聖保祿埋葬之處建造教堂。1823年曾發生一場大火，目前的樣貌為19世紀重建，但仍保留相當程度的早期基督教風格，如雄偉的外型及內部傳教用的聖經故事濕壁畫。除了教堂本體，南邊的修道院也相當推薦參觀，這裡還曾被譽為「中世紀最美的建築之一」。

1：正面最上面的繪畫為耶穌及持劍的聖保祿與持鑰匙的聖彼得，中間由山上湧出的四道泉水代表四福音書，最下面為四大先知，正門浮雕還可看到被倒釘在十字架上的聖彼得及被斬首的聖保祿。 2：教堂為一中殿、四側廊的結構，中殿共有80根柱子。上方有歷代教宗畫像(當代的教宗會特別打光)。 3：13世紀的馬賽克鑲嵌畫，耶穌旁邊為聖彼得、聖保祿、聖安德烈、聖路克。 4：充滿異國風情的修道院庭院建於1220～1241年間。
5：據考證，石棺內的遺骸應為聖保祿，上面還有聖人受囚時的鎖鏈。
6：持劍的聖保祿，象徵對信仰的捍衛。

教堂

收藏著文藝復興及巴洛克時期的作品
人民聖母教堂
Chiesa di Santa Maria del Popolo

✉ Piazza del Popolo　🕐 週一～六07:15～12:30，16:00～19:00　🚫 週日　💲 免費　🚇 地鐵A線至Flaminio站，Piazza del Popolo出口步行約2分鐘
（雙子教堂對面）

據傳尼祿死在這裡的橡樹下，後來變成惡魔烏鴉，這棵樹變成被詛咒的樹，因此聖母顯靈指示教宗在此蓋間禮拜堂安撫人心，也就是今日的人民聖母教堂。教堂建於西元1099年，就位於人民城門旁，西元1472～1478年間又重建，教堂正門及內部都是由貝尼尼主事修建的。後來陸續收藏

許多文藝復興時期及巴洛克時期的作品。據說馬丁路德來訪羅馬時，也曾借宿於此。

教堂內的基吉禮拜堂(Cappella della Ghigi)是拉斐爾設計的，內有一幅祭台畫屏及貝尼

卡拉瓦喬畫作

尼的《但以理與獅子》雕像，另一座切拉西禮拜堂(Cappella della Cerasi)則有卡拉瓦喬的兩幅油畫作品：《聖保祿的皈依》及《聖彼得殉難》。前者整幅畫中，最明顯的是那匹花斑馬，而從馬上跌落在地的聖保祿，則彷彿正在溫柔的光線中，進行著一場神聖的相遇。《聖彼得殉難》則透過光線的描繪，凸顯出聖彼得受難前的情緒。有趣的是，畫家將行刑者描繪為一般人，而不是無情的屠夫。

玩家帶路—人民聖母教堂附近的歇腳處
Antico Caffe Greco希臘咖啡館
地址：Via Condotti 86
電話：(06)6791-700
時間：09:00～21:00
交通：地鐵A線到Spagna站，由西班牙廣場走進Via
　　　Condotti，步行約5分鐘

全球知名的義大利咖啡館，創立於西元1760年。坐落在西班牙廣場前的精品街上，雖然現已被世界各地的遊客佔領，但這裡自18世紀以來，一直是許多詩人、大文豪最愛的地點。從紅色絨布沙龍，牆壁上的畫作與雕刻，還可遙想當年的文藝氣息。

充滿藝文氣息的沙龍，各地遊客總喜歡到此附庸風雅一番

義大利必看景點與畫作

羅馬及梵蒂岡城‧佛羅倫斯‧威尼斯‧米蘭

教堂

栩栩如生，米開朗基羅《摩西》像
鎖鏈聖彼得教堂
Basilica di San Pietro in Vincoli

✉ Piazza di San Pietro in Vincoli 4A 📞 (06)4882-865 🕐 08：00～12：30，15：00～18：00(冬季～18：00) 🚫 無 💲 自由捐贈 ➡ 地鐵B線至Cavour站，出地鐵站往競技場方向下坡直走，左轉Via S. F. di Paola階梯上去即可抵達，步行約5分鐘

教堂建於西元442年，因收藏著聖彼得在巴勒斯坦被收押時，手銬著的鏈條而得其名(目前放在教堂中間的玻璃櫃中)。不過教堂內最受矚目的是米開朗基羅的《摩西》像。

這座雕像原本是為教宗陵墓所打造的作品之一，但尚未完成陵墓工程，他就又被徵召去建造聖彼得大教堂了。雕像描述當摩西拿到《十誡》後，看到人們仍盲目崇拜金牛犢這些世俗偶像，心裡的失望與氣憤之情。

頭上長著怪角的族長，右臂緊緊夾著《十誡》，手裡氣憤的拿著石塊，要砸掉族人崇拜的金牛犢。據說當米開朗基羅完成這項作品時，也因它的完美性而有感而發地對雕像說：「你怎麼不說話？」

玩家帶路－優質食品超市Elite
地址：Via Cavour, 232
時間：週一～六09:00～21:00
由鎖鏈聖彼得教堂往競技場的路上會經過這家超市，可買到各種優質義大利食品，如傳統葡萄酒醋、葡萄酒、起司、橄欖油、蜂蜜等。

優質花蜜

古遺跡、廣場

適合逛市場、吃美食
花之廣場
Campo de' Fiori

✉ Piazza del Popolo 🕐 週一～六07:15～12:30，16:00～19:00 🚫 週日 💲 免費
➡ 由特米尼火車站搭64、40、492號公車到C.so Vittorio Emanuele / Navona站下車，步行3分鐘可達

花之廣場為羅馬著名的蔬果市場，也販售各種紀念品及平價服飾。除了市場外，其實周區是羅馬古城區相當有趣的區域，可找到許多個性商品店、餐廳，也是傍晚享用餐前酒的好地點。

1.花之廣場週區是相當好逛的區域，尤其是Via dei Giubbonari這條街 2.花之廣場往那佛納廣場路上可行經Buddy蔬食餐廳，品嘗美味的義式蔬食料理，晚上也常有現場音樂表演 3.由花之廣場沿Ponte Sisto橋走到越台伯河區，沿路可找到一些個性小店

古遺跡、廣場

萬人喧嘩的鬥獸之地
競技場
Colosseo

✉ Piazza del Colosseo 　☎ (06)3996-7700　⏰ 週一～日08:30～19:15(冬季～16:30)　🚫 1/1、12/25　💰 大人12歐元、優惠票7.50歐元(聯票，可參觀帕拉迪歐博物館及羅馬議事場)　🚇 地鐵B線至Colosseo站，直走出地鐵站就會看到競技場　🌐 www.coopculture.it(預約費2歐元)

令人坐立難安的古遺跡，戰俘與困獸的搏命演出

西元80年完工的競技場(Colosseo)，名稱可能源自尼祿皇帝為競技場旁的金宮所訂製的巨型尼祿雕像(the Colssus)。而考史學家認為第一場競技格鬥應為西元前264年一位貴族的葬禮上，有點獻祭亡靈的意味。

競技場的存在，對於帝國皇權的維繫有著相當大的作用，這好像提供一個百姓與帝王貴族共同享樂的機會。格鬥進行時，敗陣無法再戰的格鬥士會舉起小指，這時觀眾開始叫喊判決，當然，最後還是端看上位者大拇指朝上或朝下。據史載，現場還會有人拿著烤火的金屬片，檢查格鬥士是否裝死，而這殘忍的格鬥競技竟進行了400年之久。

月光下的羅馬競技場

除了白天來感受競技場的氣勢外，更推薦晚上來欣賞披上柔和月光的競技場，坐在地鐵站上的圍牆，靜靜體會拜倫的詩境：「猶記少年時……站在大競技場牆內，在萬能羅馬城首要遺跡的中央……雄偉的殘骸，荒頹的完美！……周而復始的月，您照在這一切之上，投射寬泛柔和的光，柔軟了粗糙斷垣蒼老的簡陋，然後填滿，一次又一次，那幾世紀的缺口。」

競技場地下層及觀景台導覽

現在可參加導覽團，到地下層看當時的猛獸是如何運送上面的舞台，並可爬到最高層，鳥瞰整座競技場及週區古遺跡(羅馬時代的政經中心)。

表演舞台長85公尺、寬54公尺、長軸188公尺

原有4層階梯座位，共可容納8萬7千名觀眾。以往的觀眾座位應該是按照身分區分的，元老院議員及女祭司護火貞女坐在最前排，後面為騎士階層，最高層為奴隸、女子及非羅馬公民的座位區

內部走廊以等距設計了約有100座的飲泉

競技場是以白色大理石打造的橢圓形建築，比圓形建築能容納更多觀眾

拱門之間以半壁柱裝飾，而且每一層均為不同風格的希臘柱飾。這些垂直與水平線條的拱門與列柱，營造出一種規律的動感，為羅馬式建築的典型特色

競技場上面4層、地下2層，總高48公尺，80座進入座位區及表演區的拱門入口。每個拱門都有編號，可讓龐大的觀眾在短短時間內循序入座

古遺跡、廣場

令人驚豔的濕壁畫與古董家具
聖天使堡
Castel Sant'Angelo

✉ Lungotevere Castello 50　☎ (06)32810　🕐 週二～日09:00～19:30(閉館前1小時停止售票)　🚫 週一、1/1、12/25　💲 10歐元，優惠票5歐元　🚇 地鐵A線至Lepanto站；或搭公車64號到Ponte Sant' Angelo聖天使橋前下車　🌐 www.castelsantangelo.com (www.gebart.it網路訂票)

　據傳西元590年，聖天使米謝爾曾手持著箭，顯現在城堡上方，揭示黑死病的結束，因此在堡上建了座天使雕像，並以此命名。這尊雕像為貝尼尼的作品。

　這座建築原本是西元135～139年間，哈德連皇帝為自己及其家族打造的圓形陵墓，中世紀再加建城牆轉為城堡，之後1千多年一直為教宗場域，所以梵蒂岡城與城堡間有密道相通。堡內共有58間房間，西元1925年轉為博物館。除了一些繪畫、陶瓷、武器盔甲收藏之外，最有看頭的應該是各房間的濕壁畫與古董家具。聖天使堡前的聖天使橋為羅馬最美麗的老橋，橋上有十尊天使雕像，天使手中拿的都是以前迫害耶穌的刑具，如荊棘、鞭、釘等。手持荊棘的天使為貝尼尼之作，此為複製雕像，真品收藏在San'Andrea delle Fratte教堂。

古遺跡、廣場

斷垣殘壁裡的古政經社交中心
古羅馬議事場
Foro Romano

✉ Via dei Fori Imperiali　☎ (06)0608　🕐 08:30～19:15，冬季08:30～16:30　💲 帕拉提歐博物館與競技場聯票12歐元(優惠票7.50)，2大有效票　🚇 地鐵B線至Colosseo站　🌐 www.coopculture.it
ℹ 夏季於帝國議事場有燈光秀，重現古羅馬時期金碧輝煌的公共建築群

農神殿　　　　元老院
塞維羅凱旋門　安東尼諾與法斯提娜神廟
凱薩神殿

帝國大道的入口。此處排隊的人潮通常比競技場對面的入口來得少

　這片坐落於羅馬市區3座山丘之間，需要一點想像力的斷垣殘壁，當年可是古羅馬時期的政經及社交中心。議事場(Foro)建於西元前616～519年，是帝王公布政令及市集中心。以黑色玄武岩鋪造的主街聖路(Via Sacra)貫穿整座議事場，場內共有6座神廟、2座公共會堂、3座凱旋門及無數的雕像與紀念碑。

古羅馬議事場地圖

Via dei Imperiali

馬森吉歐會堂
Basilica di Massenzio

⑫ 帝國大道入口

⑧

安東尼諾與法斯提娜神廟
Tempio di Antonio e Faustina

② 元老院
Curia

③ 愛米尼宮
Basilica Emilia

⑥

競技場 ●
Colosseo

WC

Via del Corso
Piazza Venezia
威尼斯廣場

Via di San Pietro in Carcere

① 塞維羅凱旋門 Arco di Settimio Severo

⑬ 金色里程碑 The Milliarium Aureum

Via Sacra

君士坦丁凱旋門 ⑪
Arco di Costantino

Via del Teatro di Marc

國庫農神廟 ④
Tempio del Saturno

聖火貞女神廟
Tempio di Vesta
⑦

⑨ 提圖凱旋門
Arco di Tito

⑤ 公共演講台
Rostri

WC

帕拉迪歐區 ⑩
Palatino

這裡的平台是最
佳拍照處,可眺
望整個議事場

Via dei Cerchi

塞維羅凱旋門及農神廟

⑬ 金色里程碑 The Milliarium Aureum,所有以羅馬為起點的公路,就是由此開始

① 塞維羅凱旋門 Arco di Settimio Severo

紀念波斯勝戰而建的塞維羅凱旋門(靠近威尼斯宮)。凱旋門建於203年,門上的浮雕記述著戰勝的光榮景象。

② 元老院 Curia

元老院是當時帝國元老商議國事的場所。殿內兩旁有3層階梯,為300~600位元老的座席,主席則站在內殿兩扇門之間的位置。當時的元老院地板為彩色鑲嵌地板,內部還可看到大理石浮雕,描繪著2世紀時的議事場景況。

③ 愛米尼宮 Basilica Emilia

古羅馬的長形公共建築,現只剩下一片廢墟。

④ 國庫農神廟 Tempio del Saturno

國庫農神廟目前仍可看到殘存的8根灰紅色石柱,這些石柱屬優雅的愛奧尼克式風格。

⑤ 公共演講台 Rostri

公共演講台,為當時自由發表言論的地點,名為Rostri,因為這座講台就是取自敵人戰艦的艦首(Rostri)。

⑥ 安東尼諾與法斯提娜神廟 Tempio di Antonio e Faustina

神廟是為了祭祀安東尼皇帝的愛妻Faustina所建的。前面的10多根柯林斯式圓柱前廊,後來成為米蘭達的聖羅倫佐教堂(S. Lorenzo in Miranda)部分建築,17世紀時又添加了巴洛克風格立面。

⑦ 聖火貞女神廟 Tempio di Vesta

聖火貞女神殿與女祭司之家,貴族女祭司負責照管聖火,只要被選為祭司就可入住這棟3層樓的建築,享受各種特權。圓形廟外圍為柯林斯式圓柱。

⑧ 馬森吉歐會堂 Basilica di Massenzio

馬森吉歐會堂(建於315年),現仍可看到3座完整的拱門。當時以4根巨柱隔出3個大廳,最高處達35公尺。

⑨ 提圖凱旋門 Arco di Tito

提圖凱旋門是Dommitian皇帝於西元81年,為紀念兄弟Tito及父皇Vespasian弭平耶路撒冷的猶太叛亂而建的。

⑩ 帕拉迪歐區 Palatino

帕拉迪歐博物館,據說羅馬建國皇帝就是在這片山丘上由母狼撫養長大的,並由此發展羅馬村落,所以這裡可說是羅馬歷史的源頭,同時也是共和時期的政治、行政與宗教中心。然而中世紀時人口遷移,這裡逐漸荒廢為牧牛地,一直到19世紀考古學家才發現這片古遺跡。

⑪ 君士坦丁凱旋門 Arco di Costantino

君士坦丁凱旋門,為了慶祝君士坦丁大帝退敵進而統一羅馬而建造的凱旋門,於西元315年落成,門上的壁畫與浮雕描繪出戰爭場景及慶祝凱旋之景象,讚揚大帝東征西討的豐功偉業。是座極具歷史紀念價值的遺跡,目前成為羅馬新人拍攝婚紗照的熱門地點。

義大利必看景點與畫作 羅馬及梵蒂岡城・佛羅倫斯・威尼斯・米蘭

新議事中心，帝國議事廣場 Fori Imperiali

羅馬帝國時期人口與都市規模劇增，原本的議事場已經不敷使用，西元前42～114年間陸續在原議事場北部建造新的議事場。由於大致的規模與格局是在Traiano圖拉真大帝時期奠定的，所以也命名為圖拉真議事場。第一座議事場是圖拉真市集前的凱撒議事場(Foro di Cesare)，不過帝國議事廣場群中最大的卻是圖拉真議事場。議事場旁為高大的圖拉真圓柱(Colonna Traiana)，這是為了慶祝113年圖拉真皇帝征戰得勝而建的紀念柱。16世紀時許多新造房子幾乎占據這整片議事場，一直到最近才讓它重現天日。

玩家帶路－瓦倫蒂尼宮Le Domus Romane di Palazzo Valentini

很推薦參觀的景點。目前採導覽制，可探訪最新整修完成的羅馬宮殿。這片遺址在Piero Agela團隊的巧思下，透過投影等多媒體手法，完整重現古老豪宅精美的馬賽克、地板鑲拼、廚房、家具。遊客還能從地下近距離仰看巨大拉真圓柱上的精采雕刻。

這座宮殿原本為教皇宅邸，後來在宮殿下方挖掘到古羅馬遺址，根據考證，應為當時貴族宅邸

地址：Via IV Novembre 119/A
電話：(06)2276-1280
時間：09:30～18:30，週二休息
收費：12歐元
交通：Colosseo地鐵站，走向帝國議事場，往議事場旁圓頂後側走，入口在主街上
網址：www.palazzovalentini.it

圖解帝國議事場

◎圖拉真議事場(Foro Traiano)

特地聘請大馬士革建築師阿波羅多羅(Apollodoro)，規畫帝國議事場，議事場上有兩座圖書館、神殿、廣場建築。這座議事場可說是帝國時期最大，也是最後一座議事場，建於西元107～114年間。議事場旁最顯目的遺跡為圖拉真圓柱，高達38公尺，表面有210公尺長，螺旋而上的浮雕，共有155幅、2,500個人物，描述戰爭及圖拉真赦免罪犯等德政的浮雕。頂端原本豎立著圖拉真皇帝的雕像，1600年才換成聖彼得雕像。據說當時為了打造這座雕像，熔掉天使城堡的半座大砲及多座教堂的銅門。

◎奧古斯都議事場(Foro di Augusto)

奧古斯都在打敗殺死凱撒的兇手後，建造一座復仇戰神神殿(Il Tempio di Marte Ultore)。為了襯托出神殿的雄偉，進而建造了這座廣場。

◎圖拉真圓柱

目前僅存一支圖拉真圓柱的區域，在古羅馬時期有著輝煌的建築群，圓柱立於廣場中央，周圍為華偉的廳堂、圖書館、商家等，氣派程度豪不遜於競技場。

◎圖拉真市集(Mercati Traianei)

依著山丘而建的圖拉真市集建築，呈圓弧狀，共有150個隔間，1樓為商家，2樓為社會福利辦公室。當時除了新鮮蔬果外，還販售許多由東方進口的珍貴絲品及香料。夏季夜晚會有投影燈光秀，透過現代科技重現當年榮景。

◎凱撒議事廣場(Foro di Cesare)

凱撒在世時決定以自己的名字建造一座廣場，不過廣場一直到西元前46年才完成。繼羅馬議事場之後，這裡成為貴族的新社交場所。廣場上原本有座「母親維納斯聖殿」，不過目前只剩下3根石柱。

羅馬子民獻給眾神的神殿
萬神殿
Pantheon

✉ Piazza della Rotonda ☎ (06)6830-0230 ⏰ 週一～六09:00～19:30；週日09:00～18:00 ⊘ 無 💲 免費
➡ 地鐵A線到Spagna站，穿過Via Condotti左轉Via del Corso直走，右轉Via Caravita直走，步行約15分鐘；
或搭公車46、62、64、170、492號公車至Largo di Torre站，走進Via Torre Argentina直走約5分鐘

渾然天成的建築，宛若天使的設計

Pan是指「全部」，theon是「神」，Pantheon代表著「眾神」的意思，為西元前27世紀為紀念羅馬第一位皇帝奧古斯都的功績所建的。這原是羅馬子民獻給眾神的神殿，同時也是保留最完整的古羅馬遺跡。可能是眾神的護祐，在這18個世紀的歲月裡，躲過無數的天災人禍，我們現今仍有幸看到這座偉大的建築。

歐洲最寬的圓頂建築

萬神殿外部以8根花崗岩柱撐起，走廊屋頂仍保留當時的木製架構，形成較為理性的方形結構建築。而內部則是宛如天體的圓形建築，當陽光灑入，內壁帶有藍色、紫色的大理石及橘紅色的斑岩流露出美麗的彩光，讓整座神殿充滿了莊嚴神聖的氛圍。

這是歐洲最寬的圓頂建築，高度跟內部直徑剛好都是43.3公尺，中間的天眼直徑達9公尺，不但提供光源，更具支撐圓頂重量張力的功能。也因

為這些巧奪天工的設計，偌大的建築竟不需要任何一根柱子支撐，也不需窗戶來提供光源，讓世人不禁讚嘆萬神殿為「天使的設計」。

文藝復興大師拉斐爾也葬在這棟完美比例的建築中，一如大師的畫風。拉斐爾的墓誌銘上寫著：「這是拉斐爾之墓，當他在世時，自然女神怕會被他征服，他過世時，她也隨他而去。」，紅衣主教Pietro Bembo以這樣一段話表述拉斐爾的才華。

羅馬城內唯一哥德式教堂

教堂後側有座米內瓦上的聖母教堂(Santa Maria Sopra Minerva)，建於13～14世紀，這是羅馬城內唯一的哥德式教堂。內有米開朗基羅所雕刻的《基督復活》像，右側的卡拉法禮拜堂(Cappella Carafa)則有利比精采的壁畫作品，描繪著《天使報喜》與《聖母升天》的場景。教堂外的大象方尖碑為貝尼尼的作品。

米內瓦上的聖母教堂之濕壁畫作品

義大利必看景點與畫作

羅馬及梵蒂岡城‧佛羅倫斯‧威尼斯‧米蘭

古遺跡、廣場
可同時容納1500人的大型浴池
卡拉卡大浴場
Terme di Caracalla

✉ Via delle Terme di Caracalla 52　📞(06)5758-626　🕐09：00～19：00(冬季～16：30)　🚫1/1、12/25　💲8歐元　➡地鐵B線到Circo Massimo地鐵站，往綠隆大道直走約3分鐘；或由威尼斯廣場搭628號公車，過地鐵站的下一個公車站下車即可看到浴場

西元217年卡拉卡皇帝揭幕啟用卡拉卡浴池，內有冷水、溫水及熱水室，可容納1500人同時入浴。除了浴池之外，還有圖書館、劇場、藝術走廊等，達到同時健全身體與心靈的目的。根據記載，浴池均以彩色大理石及馬賽克打造，可想見當時輝煌的景象。可惜的是日耳曼軍隊入侵時破壞了水道系統，浴場因而無法再使用。所幸現今荒廢許久的浴場終於有了新功用，夏夜會在此舉辦精采的歌劇表演，成為義大利最棒的歌劇劇場之一！

古遺跡、廣場
「羅馬假期」的拍攝之地
西班牙廣場
Piazza di Spagna & Fontana della Barcaccia

✉ Piazza di Spagna　🕐全年開放　💲免費　➡地鐵A線至Spagna站，往Spagna出口直走約2分鐘

西班牙廣場永遠都是羅馬最熱門、歡樂的景點之一

由於這裡是17世紀西班牙大使館的位址，因此取名為西班牙廣場。不過這座階梯卻是法國人出資，義大利設計的，建於1723年。廣場中央為貝尼尼父子Pietro Bernini與著名雕刻家兒子Gian Lorenzo Bernini共同設計的破船噴泉。據傳1598年羅馬大水災後，有條破船擱在這附近，雕刻家從而獲得靈感，將水引進破船，再讓水流溢而出，形成一座別具巧思的噴泉，並藉以紀念市民同舟共濟的互助之情。

爬上135級洛可可風格的階梯，可來到「山上的聖三一教堂」(Trinita' dei Monti)，高聳的哥德式雙子塔為此區地標。眼前的Via Condotti就是羅馬著名的精品街。這區儼然就是羅馬古城的中心，也是遊客必訪之處。

引水道終點，讓願望成真的幸福噴泉
許願池
Fontana di Trevi

✉ Piazza di Trevi ◎ 全年開放 ⑤ 免費 🚇 地鐵A線至Barberini站，由Via del Tritone出口往下坡直走左轉Via Stamperia直走即可抵達，步行約7分鐘

由於這座噴泉座落於處女水道橋(Acqua Vergine)終點處，同時也是三條街的街口，義大利文為Tre Vie，因此取名為Trevi噴泉。這大家口中的許願池，有著美麗的傳說：據說女孩若取這噴泉的水給戀人喝，喝完後將杯子打破，誠心祈求就會獲得幸福，因此又稱為幸福噴泉。

現在遊客到許願池來，總不忘拿著錢幣往後丟進池中(右手拿錢幣越過左肩順利丟進池中，或者左手拿幣越過右肩)，許個重返羅馬的願望。在電影《羅馬之戀》(Three Coins In The Fountain)中提到，若丟兩枚錢幣，就可能會遇上新戀情，丟三

枚錢幣則可能與伴侶結婚或成功離婚！

18世紀時，以波里侯爵府的後牆為背景，花了30年的時間，終於在西元1762年完成這座美麗的巴洛克風格噴泉。

充滿氣勢的海神置中，兩旁則是象徵「富裕」與「健康」的女神，上方4位少女代表4季，所有的雕刻都充滿了力與美。無論是白天或晚上，總是擠滿了滿懷期望的遊客，在談笑間偷偷的許個願望，盡情地享受歡樂的羅馬假期。

有著象徵世界四大長河的噴泉雕像
那佛納廣場
Piazza Navona

✉ Piazza Navona ◎ 全年開放 ⑤ 免費 🚇 地鐵A線至Spagna站，穿過Via Condotti越過Via del Corso繼續往前直走左轉Via della Scrofa直走到S. Agotino左轉到Cinque Lune廣場，走進小巷內即可看到；或搭70、81、90、492號公車到Corso di Rinascimento公車站

這座羅馬最具藝術氣息的巴洛克廣場，原本是競技場，現以貝尼尼的四河噴泉、摩爾噴泉(南側)及海神之泉(北側)聞名。四河噴泉中間豎立著從埃及運來的方尖碑，下面則有4座象徵尼羅河(代表非洲：頭部遮住，因當時尚

海神噴泉

未發現源頭)、布拉特河(代表美洲：禿頭)、多瑙河(代表歐洲：轉身穩住方碑)、恆河(代表亞洲：一派輕鬆)的4座巨型雕像。冬季耶誕時節，廣場變身為充滿節慶氣息的耶誕市集。

那佛納廣場上的Sant' Agnese in Agone教堂，是貝尼尼的對手Francesco Borromini的作品，因此四河噴泉的4尊雕刻不僅都沒看向這座教堂，還有點撇開視線的意味。

Navona恆河

順遊錯視畫巨作－羅馬聖依納爵堂(Chiesa di Sant' Ignazio di Loyola)

地址：Via del Caravita, 8a
網址：Chiesasantignazio.it

聖依納爵堂原只是羅馬學院的附屬教堂，目前所見的教堂為1626～1650年重建的巴洛克式建築。雖然外觀不顯眼，但一進教堂，旋即為之驚艷，因為教堂中殿的天頂畫以其獨特的繪製方式，讓建築本身看起來比實際上還要雄偉。接著往前望上中央的圓頂，繼續往前走，看著圓頂的奇特變化，你可發現了其中的奧妙？這些都是巴洛克幻象大師Andrea Pozzo之作(不過圓頂作已被破壞，此為複製畫)。

Andrea Pozzo的錯視畫讓整個天頂看起來比實際還要雄偉

羅馬聖奧古斯都教堂(La basilica dei Santi Trifone e Agostino)

位在那佛納廣場附近，教堂內仍原封不動地擺放著17世紀卡拉瓦喬完成的《洛雷托聖母》(La Madonna di Loreto)。卡拉瓦喬描繪出一對拄著木杖、赤足長途跋涉前來朝聖的夫婦，終於看到聖母與聖嬰時，激動地雙手合十跪在他們眼前。畫中的聖母與聖嬰只像平民人家站在一般房舍的門檻上，這種樸實的場面，更讓一般人產生親切的共鳴。

很推薦往廣場側面的小巷走，美麗的老羅馬就在這裡

最有藝文氣息的羅馬廣場，這裡也是羅馬耶誕市集所在處

小巷內的古書店Antica Libreria Cascianelli

★郊區景點★
提佛利 Tivoli
千泉流洩的美麗庭園

▶火車Roma-Pescara線到Tivoli站；1.去程一搭地鐵到Ponte Mammolo站，出地鐵順著階梯往下走購買車票後，出地鐵站到站外的Cotral公車站(有很多候車列)搭乘前往Tivoli的藍色公車，車程約30分鐘。公車最後抵達Tivoli中心，在圓環旁的Bar下車，下車後即可看到旅遊資訊中心亭。2.回程一可在下車處的Bar購買車票(或先購買來回車票)，過馬路到對面的站牌候車。3.前往安德連別墅一由Tivoli市區搭公車4或4X約15分鐘車程(若搭Cotral公車要走比較遠的路) ▶www.comune.tivoli.rm.it/home_turismo

位於羅馬郊區的提佛利，自古以來就是著名的溫泉鄉，因此古羅馬帝國的皇帝紛紛在此建造別墅，其中以艾斯特別墅(Villa d'Este)及安德連那別墅(Villa Adriana)最為著名。

艾斯特別墅，又稱為千泉宮，位於提佛利的市中心。別墅內有著廣大的綠園，建造了500多座噴泉，當整排噴泉齊放，那種氣勢直叫人心動。噴泉會在水壓的推動下，與管風琴噴泉發出悅耳的音樂聲(10：30開始，每2小時1次)。

園中還有座非常著名的大地之母(Fontana dell'Abbondanza)雕像，她的多乳房造型，總是閃光燈下的焦點。

而別墅內各房間都以細緻的濕壁畫裝飾而成，還可望見美麗的庭園與山區景色。

廟、浴池、圖書館、人工島及無數的雕像，以理想城市之概念結合埃及、希臘及羅馬風格，打造出這座有如開放博物館的雄偉別墅。

每間房間都以美麗的壁畫裝飾

此外，位於提佛利村外的安德連那別墅，是世界最大、最壯觀的古羅馬別墅，目前已列為世界文化遺產。此為西元2世紀時，由哈德連皇帝所建造。規模包括神

玩家小抄一Tivoli旅遊資訊中心
免費提供地圖、公車時刻表及觀光資訊。
地　　址：Piazza Garibaldi(下公車附近)
電　　話：(0774)311-249
開放時間：09:00～15:00，16:00～19:00(週一及週三09:00～13:00)

艾斯特與安德連那別墅
Villa d'Este
地　　址：Piazza Trento
電　　話：(199)766-166
開放時間：週二～日08:30～日落前1小時(約16:00～18:45)
門　　票：8歐元
網　　址：www.villadestetivoli.info

Villa Adriana
地　　址：Villa Adriana
電　　話：(0774)382-733
開放時間：09:00～19:00(冬季到17:00)
休 息 日：無
門　　票：8歐元，優惠價4歐元
網　　址：www.coopculture.it

羅馬購物市集

Campo de'Fiori蔬果市場
WHEN：週一～六07:00～13:30

羅馬最著名的花之廣場蔬果市場，每天早上都有熱鬧的市集。廣場上也有好幾家咖啡館及餐廳，周邊巷道內有許多特色小店，是體驗羅馬活力的最佳地點。

Let's Go：由特米尼火車站搭64、40、492號公車到C.so Vittorio Emanuele / Navona站下車，步行3分鐘可達。

Mercatino Biologico有機市集
WHEN：週日上午(7～8月除外)

羅馬市區的有機市集，販售各種有機食品、生活用品、雜貨。

Let's Go：搭公車116號到Via Giullia下車，位在Vicolo della Moretta(Campo dei Fiori廣場旁)。

Porta Portese古董市場
WHEN：週日06:30～13:30

每週日在越台伯河區長達2公里的Porta Portese城門前，有著熱鬧的古董市場。這裡除了古董攤位之外，最吸引羅馬市民的還是那些便宜的家用品、服飾、生活用品攤。因此假日時，總是全家大小出動，到此撿便宜。

Let's Go：由Termini火車站搭公車75號前往，約20分鐘。入口在Via Porta Portese及Via Ippolito Nievo。

Forno Campo de' Fiori
WHEN：07:30～14:30，16:45～20:00

羅馬最著名的烤餅店，就位於歡樂滿分的花之廣場角落。其中最推薦原味的Schiacciata烤餅，若有機會跟著當地人站在櫃檯前，等著剛出爐、熱騰騰的烤餅，那可真是太幸運了！除了原味烤餅外，還有節瓜起司烤餅、番茄烤餅等不同口味。

地址：Campo De' Fiori, 22
電話：(06)6880-6662
網址：www.fornocampodefiori.com

玩家小抄－羅馬機場星級美食不錯過
若從羅馬機場第三航廈返台，記得去美食區享受一下。現有好幾家餐廳為米其林餐廳主廚所開設，包括號稱培根蛋麵(Carbonarn)之王Antonino Colonna的餐廳，以及羅馬米其林三星主廚Heize Beck的分店Attimi，他聰明地將菜單設為30、45、60分鐘菜單，讓遊客依自己的時間點餐(也可外帶)，甜點品質絕佳、價錢合理，在此推薦。另有北義名廚Alfio Ghezzi的餐廳，同時設有法拉利氣泡酒區Ferrari Sparkling Trento DOC。

百花盛開，文藝大城 ——
佛羅倫斯Firenze

佛羅倫斯的義大利文為Firenze，徐志摩將之翻譯為「翡冷翠」，也有人稱它為英譯的Florence「佛羅倫斯」。據說以往的花神節在此舉辦，當時還預言這裡將會展開一段西方歷史上的文化黃金期。果真，影響後世最深遠的「文藝復興時期」即是在此展開。

文藝復興的搖籃

佛羅倫斯可說是文藝復興的搖籃，13世紀初十字軍東征時帶回大量的古文物，開啟歐洲人對古希臘文化的興趣，

領主廣場曾為佛羅倫斯的政權中心

後來隨著社會的轉型，中產階級興起，人們開始注重理性精神與人文主義 —— 精神以神為中心，生活則回歸到以人為本。此時剛好又出現了財力雄厚的麥迪奇家族，尤其是柯西莫(Cosimo de' Medici,1434～1462)與羅倫佐(Lorenzo de' Medici, 1478～1492)，大力支持並設立學校，發展藝術、文學、哲學、科學等，培養大量的全能人才，讓佛羅倫斯城名副其實的成為一座百花盛開的文藝大城。

玩家小抄
可安排當月的第一個週日在佛羅倫斯或羅馬，這是全國國立博物館及美術館免費參觀日，其中包括著名的烏菲茲美術館及彼提宮。

玩家小抄 —— 佛羅倫斯3大文學家：但丁、佩托拉克、薄伽丘

但丁(Dante Alighieri, 1265～1321)
捨棄正統的拉丁文，以方言(也就是義大利文)寫成文學大作《神曲》，同時也開始展現個體的自覺與理性思維。

佩脫拉克(Petrarca Francesco, 1304～1374)
又被譽為桂冠詩人，以《詩歌集》影響了15～16世紀的詩人，優美的14行詩，多為詠讚愛情的詩文。為文藝復興早期的人文主義代表人物，被推崇為「人文主義之父」。

薄伽丘(Giovanni Boccaccio, 1313～1375)
以100個故事著成的《十日談》，用以隱諷教會的腐敗，成為小說與散文的範例，他同時也是新興商業階級的人物，因此這本書又稱為「商人的史詩」。

但丁

對佛羅倫斯影響深遠的麥迪奇家族成員The Medici's

麥迪奇家族從12世紀定居佛羅倫斯,可說是佛羅倫斯平民崛起的代表,標準的中產階級經商致富的典範。憑著家族成員靈活的外交手法,成為當時歐洲最有權勢的家族之一。

科西莫‧麥迪奇(Cosimo di Giovanni de' Medici,1389～1464),家族開創者,人稱老科西莫,將承接自父親的銀行擴大為跨國事業,以雄厚資本掌控佛羅倫斯政經、人事,連教皇庇護二世都稱他「實際的國王」。

羅倫佐‧麥迪奇(Lorenzo de' Medici,1449～1492),文藝復興藝術推手,人稱「偉大的羅倫佐」,是一位熱愛藝術文化的政治家、外交家,大力贊助文藝復興時期的學者、藝術家,達文西、米開朗基羅曾在他的宮廷中待過。

利奧十世(Leo PP. X,1475～1521),家族首位教宗,羅倫佐‧麥迪奇的二子。為一位愛好音樂、詩歌與享樂的教宗,但也樂善好施,積極贊助藝術文化。

科西莫一世(Cosimo I de' Medici,1519～1574),於1537年獲得神聖羅馬帝國查理五世的認可,為佛羅倫斯的領導人,後又打敗西耶那,成為托斯卡尼大公。

瑪麗亞‧麥迪奇(Maria de' Medici,1575～1642),嫁給亨利四世成為法國皇后,丈夫遇刺身亡後,曾為兒子路易十三攝政,後因政爭逃到科隆。香水、芭蕾及美食均由她引進法國並發揚光大。

旅遊路線規畫

Day 1 聖母百花大教堂、共和廣場La Rinascente百貨及精品街、領主廣場及舊宮、烏菲茲美術館、野豬市集、舊橋、彼提宮、米開朗基羅廣場

Day 2 聖安勃吉歐市場、監獄藝文中心、皮件學校、聖十字教堂、巴傑羅博物館、孤兒博物館、聖馬可修道院、學院美術館、聖羅倫佐大教堂／麥迪奇禮拜堂、中央市場、新聖母教堂、SMN老藥房

佛羅倫斯藝術景點地圖

全球文藝復興收藏最豐富的美術館
烏菲茲美術館
Galleria degli Uffizi

📍Piazza degli Uffizi 6 📞(055)238-8651，預約電話：(055)294-883，預約費用4歐元 🕐週二～日08:15～18:50(建議事先預約，常大排長龍，或16:30以後入場，通常比較不需要排太長的隊伍) 🚫週一、1/1、5/1、12/25 💲20歐元，或可購買烏菲茲美術館＋彼提宮＋波波里花園3天有效聯票38歐元(2018年11月～2019年2月為18歐元)／語音導覽6歐元，雙人10歐元 🛍內設有圖書館、書店、咖啡館、郵局 🚶由主教堂步行約7分鐘 🌐www.uffizi.it，網路預購票者，持電子郵件確認信到櫃檯取票，即可由快速通關票口入內 📷可拍照，但不可用閃光燈、自拍器、腳架

馬蹄形的烏菲茲美術館為全球最重要的美術館之一，文藝復興藝術的主要殿堂。2016年參觀人數就超過2百萬人次，為義大利最多人參觀的博物館。

美術館建於西元1555年，由麥迪奇家族聘請Giorgio Vasari設計興建，作為政務廳辦公室之用，因此稱為Uffizi，也就是「辦公室」的意思。後來麥迪奇家族的最後一位傳人安娜·瑪麗亞·路德維卡（Anna Maria Ludovica）在彼提宮過世後，留下遺囑將收藏品捐給佛羅倫斯，並特別提到：「不要讓任何一尊雕刻、一塊畫布離開佛羅倫斯，麥迪奇家族的收藏品應為各國民眾帶來益處。」後來市政府將家族大量的藝術收藏闢為美術館，西元1765年起對外開放參觀，成為全球文藝復興作品收藏最豐富的美術館，由於收藏品相當多，因此有些作品展示在彼提宮及巴傑羅博物館。

館藏依照時間順序展出，依序為早期義大利、文藝復興初期、文藝復興極盛期、巴洛克時期、近代作品，可完整認識各時期的風格。參訪時間約需2小時，美術館規模不算太大，如能避開人潮，參觀起來應該相當舒服。

館內有眾多知名的畫作，如利比的《聖母、聖嬰與天使》(Madonna col Bambino e angeli)，波提切利《春》(Primavera)、《維納斯的誕生》(Nascita di Venere)，達文西的《天使報喜圖》(Annunciazione)、《東方三博士朝拜圖》(Adorazione del Magi)，米開朗基羅的《聖家族》(Sacra Famiglia)，66室拉斐爾的《金鶯聖母》(Madonna del cardellino)、《白畫像》(Autoritratto)、《教皇朱利歐二世畫像》(Portrait of Giulio II)，提香《烏比諾的維納斯》(Venere di Urbino)、《芙蘿拉》(Flora)，帕米吉安尼諾的《長頸聖母》(Madonna col Bambino e angeli或Madonna dal collo lungo)、卡拉瓦喬《美杜莎》(Medusa)、《酒神》(Bacco)，而喬托的《萬聖聖母像》(Ognissanti Madonna)讓聖母不再遙遠神秘，而是直視觀者，將神與人連結在一起。此外也可看到杜勒、魯本斯、范戴克、林布蘭等人的精采作品。

玩家帶路－參觀烏菲茲美術館
參觀動線：
進剪票口後，先上2樓參觀，再走回1樓參觀。

二樓重要展覽室：
No.7文藝復興早期，No.8利比，No.10～14波提切利，No.15達文西，No.35米開朗基羅，No.42貴族廳Sala delle Niobe，No.66拉斐爾，No.74帕米吉安尼諾，No.83提香，No.90卡拉瓦喬。

藝術貼近看

ART1. 利比(Fra Filippo Lippi)，《聖母、聖嬰與天使》(Madonna col Bambino e angeli, 1593)，8室

圖片提供／《西方美術簡史》

這幅畫可說是15世紀宗教藝術中，最精緻的一幅。細緻的筆觸下，善用光影的描繪，讓靜態的畫中人物呈現出活潑的律動感。

ART2. 波提切利(Sandro Botticeli)，《春》(Primavera, 1482～1483)，10室

蒙眼的邱比特

宙斯的使者，趕走烏雲，宣布春天的降臨

美惠三美神

灰冷的冬末

西風之神賽佛羅斯

孕育生命的維納斯
春神波瑟芬

圖片提供／《西洋美術小史》

整幅畫以象徵美和愛的維納斯女神為中心，優美的神態，靜靜地凝視著和煦的陽光。藉以維納斯女神象徵世間生靈的創造者，讓春天悄悄降臨大地。右邊第二位，嘴叼著花草的是克羅莉絲(Chloris)，即將在風神塞非爾(Zephyr)的吹拂下，變成花神芙蘿拉(Flora)。維納斯女神的左邊為三位翩翩起舞的三女神(Three Graces)，由右至左依序為「美麗」、「青春」與「歡樂」。透明的薄紗，讓三女神美麗的身形浪漫地展現出來。而維納斯上方矇著眼睛的是愛神邱比特，準備向三女神射出愛情之箭，看誰能夠品嘗愛情的滋味。最左邊披著紅色披風的則是眾神使者赫姆斯，他手持法杖撥開天空的雲霧，宣告春天的降臨。

ART3. 波提切利(Sandro Botticeli)，《維納斯的誕生》，(Nascita di Venere, 1485～1486)，11室

圖片提供／《西方美術簡史》

波提切利另一幅以維納斯女神為主題的巨作。純潔的維納斯剛剛誕生，風神將貝殼吹向陸地，維納斯準備提起雙腳，踏出蚌殼。

雖然維納斯的脖子及肩膀傾斜的比例很奇怪，但藉由這樣的線條呈現，能細細帶出女神的美妙身形，讓女神整體神態顯出無比的優柔感。此外，雖然維納斯以全裸呈現，但那冰晶玉潔的肌膚，與碧綠的大海相互輝映，自然呈現出神聖與純潔的氣質。

維納斯右邊是希臘神話中掌管時令的四季女神，正拿著繡滿春花的外衣，準備披在維納斯身上。女神的左邊是一對正鼓著臉頰吹氣的西風澤菲爾與花神克洛黎斯，西風吹著溫暖的春風，讓大地飄起片片金心玫瑰(據說這些金心玫瑰是維納斯誕生時所創造的)。而吐氣的花神，吹起大地萬物的生機，象徵著欣欣向榮的生命。

維納斯的誕生這個神話，對於當時的藝術家來講，是相當神祕的故事，是美的降臨。而波提切利就是藉由這個主題，小心翼翼地描繪出他心中的美，如何降臨在這片大地。

藝術貼近看

ART4. 達文西(Leonardo Da Vinci)，《天使報喜圖》(Annunciazione, 1475)，15室

達文西與維諾奇歐(Verrocchio)共同創作這幅天使報喜圖，整個構圖來自年僅20歲的達文西，右半部多出自達文西之手，牆壁部分則為維諾吉歐的作品。由這幅畫可看出達文西在構圖與景深處理方面，已日趨成熟。直接以人物的手勢及姿態刻畫出心情的變化。

圖片提供／《西洋美術小史》

ART5. 米開朗基羅(Michelangelo)，《聖家族》(Sacra Famiglia, 1503)，35室

這幅畫是這位偉大的雕刻家唯一的小幅畫作，整體來講仍可感受到強烈的雕刻風格，就好像畫家只是將這些雕像搬進畫裡而已。

圖中的3位人物是聖母瑪利亞、聖約瑟及聖嬰耶穌，後面的雕像代表著異教盛行的舊時代，中間的小聖約翰，象徵著這兩個時代的銜接。

螺旋狀的人物安排方式，再加上鮮明的色彩與肌理表現，讓整幅繪畫充滿生命的躍動。而這樣的繪畫技巧，也正是矯飾主義的先驅。

圖片提供／《聖經的故事》

ART6. 提香(Tiziano Vecellio)，《烏比諾的維納斯》(Venere di Urbino,1538)，83室

提香是威尼斯畫派的代表畫家，他筆下的維納斯與波提切利的維納斯簡直是南轅北轍，一個充滿純潔的神話色彩，另一位則是散發著世俗的嫵媚感。

此外，這幅畫的構圖看似簡單，實則相當嚴謹。整幅畫以窗簾分為兩部分，中間則以優美的金色人體線條串連起來。由這幅畫，我們可以在構圖、人物的體態表現、及光線上，看到提香靈動的畫風，並在明亮輕快的色彩中，窺見威尼斯人的奢華享樂生活。

圖片提供／《大師自畫像》

ART7. 卡拉瓦喬(Caravaggio)，《美杜莎》(Medusa,1598)、《酒神》(Bacco,1597)，90室

卡拉瓦喬的畫風一向以強烈的情感表現、分明的色彩著稱，由《美杜莎》的臉部表情，就可明顯感受到這點。美杜莎是希臘神話故事中海怪的女兒，頭上長滿毒蛇，凡是看到她的人，都會變成石頭，後來被英雄帕修斯砍下頸項。

館內另一幅卡拉瓦喬的《酒神》，一臉紅通通，酣醉的神情(有人認為是畫家的自畫像)，卻又讓我們看到卡拉瓦喬古典畫風的功力，以及另一種靜物畫的表現方式。

《美杜莎》圖片提供／《藝術裡的地獄天堂》

ART8. 帕米吉安尼諾(Parmigianino)，《長頸聖母》(Madonna col Bambino e angeli (Madonna dal collo lungo),1535)，74室

當寫實風格發展到極致之後，有些畫家開始以誇張的手法超越寫實，並以鮮明的色彩，創造出更理想或更具張力的畫作，這也就是矯飾主義的特色。而帕米吉安尼諾的《長頸聖母》就是其中最佳的代表作品。

不自然的長頸，像天鵝般優美，人形比例也扭曲成S形，後面突兀地放著一根柱子，下方還有一位比例完全不搭的先知，左側的天使安排，則顯得相當擁擠，完全打破文藝復興時期所講究的和諧與平衡，可說是現代藝術的先驅。

圖片提供／《西洋美術小史》

美術館／博物館

以米開朗基羅《大衛》像聞名
佛羅倫斯學院美術館
Galleria dell'Accademia di Firenze

建議先購票，常是如此大排長龍

✉ Via Ricasoli 58-60　☎ 資訊及預約電話：(055)294-883，手續費4歐元　◐ 週二～日08:15～18:50　⊗ 週一、1/1、1/5、12/25　$ 門票8歐元(旺季最好預約訂票，免除排隊時間，淡季則可直接到現場購票。)　🚇 由主教堂步行約7分鐘　🌐 www.galleriaaccademiafirenze.beniculturali.it

　　學院美術館位於聖馬可廣場旁，為美術學院的一部分，收藏許多佛羅倫斯派的作品，其中以米開朗基羅的《大衛》像最為聞名。另還有許多14世紀的作品，可由中看出文藝復興之前到文藝復興時期的轉變。館內分為12個展覽室，依收藏品的特性命名。

獨特比例的大衛雕塑

　　米開朗基羅20多歲時，興建的佛羅倫斯大教堂石材中有塊奇石，大家都不知道能拿這塊奇形怪狀的石頭怎麼辦，於是委託米開朗基羅雕刻。對於米開朗基羅來講，他的工作只是試著感受這塊奇石，把不必要的石塊去除，解放上帝原本就已賜予石塊本身的生命。

　　最後這塊奇石變成了舊約聖經＜撒母耳記上＞故事裡的大衛：當一群被賦予神力的以色列人遇到巨人歌利亞(Goliath)時，大家都害怕地退縮了，只有牧羊少年大衛勇敢地挺身而出。左手拾起石塊，右手垂放在一旁，炯炯有神的雙眼，專注地凝視著前方。而這座雕像所塑造的，正是當大衛拾起石塊，從容不迫又堅毅不懼地打量著巨人的神情。令人敬佩的是，米開朗基羅竟能在這樣簡單的瞬間，營造出自信卻又緊張的氣氛。

　　由於最初的設計是要讓這座雕像做為教堂的扶壁，所以米開朗基羅特地放大頭部與胳膊的比例，讓人遠遠地從街道上看這座雕像時，是看到正常的比例，並且能讓雕像更雄偉。

文明理性，佛羅倫斯的象徵

　　米開朗基羅要將大衛打造成佛羅倫斯的象徵，代表著文明理性的精神，人是可以獨立思考的，不再只受宗教的擺布，代表著思想的解放；但另一方面，又從神力所賦予的強壯手臂，傳達出凡人仍保有對神的信仰，因為只有藉由神的幫助，才能順利打退巨人。尤其在當時動盪不安的時代，它象徵著佛羅倫斯人終將擊退外敵，市民最後將取得最後的勝利。

　　此外，大衛像旁邊還擺放著4座《未完成的囚犯》(Prisoner)與《聖殤》(Pieta)雕像。雖然這4座囚犯雕像並未完成，但也有人認為米開朗基羅覺得這樣就已經足夠，未完成的粗糙石塊部分，更能表現出囚犯被囚的掙扎。

　　而在《聖殤》雕像上，我們可以看到米開朗基羅刻意加長耶穌的身長，以加強身體垂放的重量感。

藝術貼近看

ART1. 米開朗基羅(Michelangelo)，
《大衛》(David, 1501～1504)，
Tribuna del David室

　　現已500歲高齡的大衛像，高達4.27公尺。原樹立於舊市政廳(Palazzo Vecchio)陽台，象徵著佛羅倫斯人的精神，西元1873年為了作品保存起見，才移到學院美術館。舊市政廳門口及米開朗基羅廣場則置放著複製品。

玩家帶路－學院美術館周區順購

Eataly Firenze義大利美食複合超市

地址：Via Martelli 22, Florence

時間：07:30～22:30

位於學院美術館與大教堂之間的Eataly，為義大利境內以慢食概念開設的超市，可買到各種義國優質食品，如傳統葡萄酒醋、酒、咖啡粉、義大利醬、蜂蜜、草本保養品。這裡還供應美味的現烤披薩、豐富的酒藏、香噴噴的麵包坊，也是晚上用餐及早上享用義式咖啡及甜點的好地方。尤其推薦現烤的Foccacia烤餅及橄欖麵包。

美術館／博物館

富麗堂皇的家族宮殿

彼提宮
Palazzo Pitti

✉ Piazza Pitti 1 ☎ (055)294-883 ⏰ 週二～日08:15～18:50 🚫 週一、1/1、12/25 💲 16 歐元(2018年11月～2019年2月為10歐元)，波波里花園10歐元(2018年11月～2019年2月為6歐元)，另可購買烏菲茲美術館＋彼提宮＋波波里花園3天有效聯票38歐元(2018年11月～2019年2月為18歐元) ➡ 由火車站前搭巴士36、37、11或小巴士B 🌐 www.uffizi.it

　　彼提宮為當時麥迪奇的勁敵，也就是佛羅倫斯的銀行家彼提(Pitti)家族之居所。Lucca Pitti於西元1458年特別選在亞諾河左岸建造家族豪宅，與右岸的麥迪奇家族相競衡，不過最後還是於西元1550年轉手給麥迪奇家族，麥迪奇家族自此舉家遷入彼提宮，並將之擴建為富麗堂皇的家族宮殿。西元1555年又延請建築師在亞諾河上蓋一條室

內長廊(Corridoio Vasariano)，連結彼提宮與烏菲茲，從此麥迪奇家族就不需要跟一般民眾走在舊橋上下班了。麥迪奇家族式微後，彼提宮在19世紀時也曾為拿破崙所有，一直到20世紀，艾曼紐三世將整棟建築及所有收藏品捐給國家。

5座主題博物館群集

　　建築本身就是文藝復興風格的代表建築，西元1828年開始對外開放參觀，共闢有5座博物館及1座文藝復興式的廣大花園：

帕拉提那美術館(Galleria Palatina)：

　　這是彼提宮中最值得參觀的美術館，收藏了16～18世紀油畫，提香、拉斐爾、卡拉瓦喬、魯本斯等人的重要作品都名列其中。

現代美術館(Galleria d'arte Moderna)：

　　共有30個展覽室，收藏許多19～20世紀的作品，大部分為義大利的現代畫家，以及義大利早期印象派作品。

服飾博物館(Museo della Moda e del Costume)：

　　展出16世紀至今的服裝設計品，完整呈現義大利服裝設計史。

珠寶博物館(Tesoro dei Granduchi)

　　這裡曾是麥迪奇家族的夏廳，牆上所繪的是斐迪南二世的婚禮場景，也是佛羅倫斯最早的錯視畫作品。館內展示麥迪奇家族的珍貴珠寶飾品、斐迪南三世的薩爾茲堡銀器，以及17～20世紀與當代的珠寶設計品。

皇家寓所(Appartamenti Reali)

　　這區共有14間華麗的房間，18世紀初為斐迪南．麥迪奇的居所，1865年之後，佛羅倫斯為義大利首都時，薩伏依王朝的皇室家族居住在此，因此稱為皇家寓所。

波波里花園(Giardino di Boboli)：

　　最具代表性的文藝復興式庭園，沿丘陵地勢而建的庭園豎立著許多16～18世紀的雕像，及天然鐘乳石洞噴泉、涼亭等，相當值得參觀。

宮廷畫廊－帕拉提那美術館

　　在5家美術館中，帕拉提那美術館Galleria Palatina，館內共收藏了500多件文藝復興時期的重要作品，至今仍以當初的陳列位置展出，完整呈現當時宮殿的維容華貴，因此這裡又有「宮廷畫廊」之美稱。

　　館內共有33個展覽室，分別以希臘神話的天神命名，天花板上美麗絕倫的創作，及牆上的各幅名畫，讓人彷彿穿過一條藝術隧道。

　　首先是雕像走廊(Galleria delle Statue)，這裡放置原本收藏在烏菲茲與波波里花園中的大理石雕，由此可眺望整座波波里花園。接著正式走入各個展覽室，別忘了好好欣賞各室的天頂畫及新古典風格，而且是越往後走，越多精采作品，最後還可看到華貴的藍色皇后寢室與玫瑰王冠廳。

波波里花園，天然鐘乳石洞位於出口附近，裡面有美麗的雕刻與天頂畫，可別錯過了

精采大作

　　這裡的重要作品包括：維納斯室(Sala di Venere)裡卡諾瓦(Antonio Canova)的《維納斯》雕像(Venere Italica)，以及鎮殿之寶－提香(Tiziano Vecellio)的作品：《合奏》(Il Concerto)、《朱利歐二世》(Giulio II)、《美女》(La bella)。

　　另有魯本斯的《田間歸來》(Il ritorno dei contadini dal campo)及《戰爭的殘酷》(Le consequenze della Guerra)，這幅畫主要靈感來自於長達30年的波西米亞戰爭，藉由畫中的殘酷景象，表現出對和平的渴望，這是魯本斯的代表作之一。

　　喬維室(Salla di Giove)還有拉斐爾的《戴頭紗的女子》及喬吉歐著名的作品《3個不同年齡的男人》 (The 3 Ages of Man)；阿波羅室 (Sala di Apollo)還有提香的《抹大拉的瑪利亞之懺悔》(Santa Maria Maddalena Penitente)。

　　戰神室(Sala di Marte)展示了范戴克《紅色主教班提沃利》(Il Cardinale Bentivoglio)。最精采的是農神室(Sala di Satumo)裡拉斐爾的作品－《寶座上的聖母》(Madonna della Seggiola，介紹見下一頁)。

義大利必看景點與畫作　羅馬及梵蒂岡城‧佛羅倫斯‧威尼斯‧米蘭

藝術貼近看

ART1. 拉斐爾(Raffaello)，《寶座上的聖母》 (Madonna della Seggiola,1514)

　　《寶座上的聖母》是拉斐爾32歲時在羅馬完成的。這幅畫畫法較為特別，為圓形的木板畫，讓整幅畫的感覺特別溫馨、緊湊。據說這是畫家偶然間看到一位母親抱著孩子，隨手拿起身旁的木桶繪出草圖，而聖母的表情格外動人，打破以往聖母的威嚴神情，展現凡人的慈母形象，自然流露母子間的深厚親情。此外，宗教畫中規定聖母要身著紅衣，披上代表真理的藍色外袍，畫家雖然也遵循這樣的常規，卻巧妙地將外袍脫下放在膝上，肩上披著一條綠色的披肩，手臂仍露出紅色的衣裳，讓整體色彩豐富許多。以往宗教畫上的聖人頭上都會畫上大大的光環，畫家卻刻意要將聖人擬人化，以更能觸動人心，只畫出細細的光環，就連代表聖約翰身分的十字架也畫得很小。

圖片提供／《藝術裡的祕密》

圖片提供／《西洋美術小史》

ART2. 提香(Tiziano Vecellio)，《英國青年肖像》 (Young English Man,1545)

　　當年歐洲的所有王公貴族都爭相想請提香為自己繪製一幅肖像畫，由這幅《英國青年的肖像》，就可以了解為何提香的肖像畫如此有名。提香畫中的人物，構圖簡單，卻能散發出自然的氣質，手法雖然不如達文西所畫的《蒙娜麗莎》那樣的精細、神迷，但那雙堅定的眼神，卻是如此專注、真誠。

玩家小抄－舊橋Ponte Vecchio及山丘上的觀景餐廳

連接著烏菲茲美術館與彼提宮的舊橋，是佛羅倫斯最美麗的地標之一。這座老石橋金光閃閃的珠寶店舖上，還隱藏著一條封閉式走廊，連接彼提宮及舊宮。其實老橋上原本都是肉舖，後來這裡成了「貴人」上班的要道後，便將肉舖移走，變成貴氣十足的珠寶街，橋中間還有座珠寶工藝師切利尼(Benvenuto Cellini)的雕像。傍晚各家珠寶店拉下古樸的木雕門後，常有街頭藝人表演。這裡及附近的橋墩都是欣賞日落的好地點。

最推薦戰爭後依原設計重建的聖三一橋，一側為古老的舊橋，另一側則可欣賞絕美日落。

彼提宮後面的丘陵廣場：米開朗基羅廣場(可搭公車或步行上山)，也是理想的日落觀景處，可飽覽亞諾河上的各座橋墩及古城全景，看完景之後，可到附近的La Terrazza餐廳用餐。這是佛羅倫斯相當優質的餐廳，坐擁優美的托斯卡尼山色。除了托斯卡尼當地的特色牛排及經典料理外，也提供一些義大利南部特色料理，甜點及選酒也相當棒。

坐擁美麗山景的小餐館

珠寶店林立的舊橋

米開朗基羅廣場

橋中間的雕像為珠寶工藝師切利尼

精采絕倫的文藝復興時期雕刻作品

美術館／博物館

巴傑羅博物館
Museo Nazionale del Bargello

✉ Via del Proconsolo, 4 📞 (055)238-8606 🕐 08:15～16:50 🚫 每個月第2、4周的週日及1、3、5周的週一；1/1、5/1、12/25 💲 8歐元，優惠票4歐元(預約費用3歐元) ➡ 由主教堂步行約5分鐘(主教堂後側) 🌐 www.bargellomusei.beniculturali.it

　　巴傑羅博物館主要館藏為文藝復興時期的雕刻作品。建築本身建於西元1255年，原為市政廳，後來也曾是監獄及警長(Bargello)的居所，西元1786年以前，這裡的庭院更淪為死刑的刑場，西元1865年才轉為國立博物館。

　　展覽分布在3個樓層，首先是米開朗基羅室(Sala di Michelangelo)，收藏米開朗基羅早期的作品《酒神巴斯卡》、《聖母與聖嬰》雕像，還有許多雕刻家的作品，其中最著名的為矯飾主義的

天才藝術家Jean de Boulogne(又稱為Giovanni da Bologna或Giambologna)的《墨丘利》(Mercurio)，神界中的信使墨丘利腳踩在西風嘴上，手持著信使專屬的盤蛇權杖，腳穿帶翼涼鞋，蓄勢待發，準備飛躍出去；接著是唐納太羅室(Sala del Maggior Consiglio)，收藏了鎮館藝術品《酒神》；維若奇歐室(Sala del Verrocchio)最著名的是Andrea Verrocchio的大衛青銅像，另外還有些16～17世紀的鑰匙、陶瓷品及武器。

修士親手繪製的廊道故事

美術館／博物館

聖馬可博物館
Museo di San Marco

✉ Piazza San Marco 3 📞 (055)2388-608，預約電話(055)294-883(預約費用3歐元) 🕐 週一～五08:15～13:50，週六、日08:15～16:50 🚫 每個月一、三、五的週日、二、四的週一 💲 4歐元(優惠票2歐元) ➡ 由主教堂步行約7分鐘(學院美術館旁) 🌐 www.polomuseale.firenze.it

　　這座修道院原建於13世紀，為哥德式建築，後來於文藝復興時期又由米開羅佐(Michelozzo)擴建，中庭簡潔大方，呈現出和諧寧靜的修道院氣息。內部則有40多間由Fra Angelico(天使般的修士)負責裝飾的房間，花了9年時間，在每個僧侶的小室及走廊盡頭，繪製了50多幅聖經故事的場景，讓修道士在裡面修行冥想，其中以《天使報喜圖》(Annunciazione)最為著名。

藝術貼近看

ART1. Fra Angelico(天使般的修士)，《天使報喜圖》(Annunciazione,1440)

　　對於Fra Angelico來講，繪畫是為了榮耀上帝，上帝只是藉著他的雙手，繪出來自上主的福音。因此，我們可以在他的畫中看到喜悅、純潔(他的用色尤其表現出這點)，以及那一份簡單與謙遜。並可從聖母溫和神情中，感受到全然奉獻的精神。此外他也開始採用透視景深法，營造出空間感。

圖片提供／《西洋美術簡史》

美術館/博物館

主題特殊的博物館

孤兒博物館
Museo degli Innocenti

布魯內列斯基的建築設計，當時佛羅倫斯許多建築都設有這樣的涼廊

✉ Piazza della Santissima Annunziata, 12　☎ (055)203-7308
🕐 10:00～19:00　❌ 12/25、1/1　💲 7 歐元　🚶 由主教堂步行約7分鐘
🌐 www.istitutodeglinnocenti.it

　　佛羅倫斯人習慣稱之為Nocenti，是1419年 Francesco Datini捐錢創立的棄兒照顧所，直到19 世紀末才關閉，因此外牆還有放置棄嬰的窗戶。 歷經3年的整修及規畫後，2016年中將這棟布魯內 列斯基於1445年所完成的建築，以全新的樣貌對 外開放，除 了展覽主 題特別外， 屋頂餐廳 Caffè del Verone也 值得推薦，

3樓展示孤兒院收藏的藝術品

波提切利《聖母、聖嬰與天使》

不參觀博物館也可上樓用餐(10:00～19:00)。

　　1樓以互動式的現代科技，展示孤兒院文物，包 括小孩被送到這裡時，身上所放的小物品或信件， 並重現70位孤兒的故事，串連起這座博物館的歷 史過往；2樓則可了解建築的設計特色，3樓是藝 術品展示區，包括波提切利的《聖母、聖嬰與天 使》，以及Luca della Robbia的聖母與聖嬰雕像。

　　這座機構不只是博物館，還是個兒童照護相關 議題的研究機構，目前仍致力於實際照護工作，並 提供政府及相關機構各種改善方案。

★特輯★

遊逛佛羅倫斯時裝藝術

　　佛羅倫斯雖不像米蘭以時尚之都聞名，但其深厚的工藝傳統，奠定了精品的基石，許多知名品牌即 是在此發跡的。

Stop 1

時裝雕塑博物館 Villa Bardini
收藏羅伯特・卡普奇設計作品

✉ Costa San Giorgio 2　🕐 週二～日10:00～19:00　💲 7歐元，也可參觀波波里花園；Bardini contemporanea當代藝術中心常設展免費，特展依展覽而定　🚶 由SMN火車站步行到此15分鐘，也可搭公車23號(到Lungarno Torrigiani站)，或D號公車到Torrigiani站　🌐 www.bardinipeyron.it

　　距離彼提宮不遠的Villa Bardini，闢了一個免費的當代藝術展覽中心 Bardini Contemporanea，同時也是Museo Capucci時裝雕塑博物館，收 藏了大師卡普奇400多套創作，可清楚看到他自由不拘的設計。

藝術家小檔案

義大利高級訂製時裝之父羅伯 特・卡普奇(Roberto Capucci， 1930～)
卡普奇獨特的剪裁、明快的用色、 幾何解構的超現實設計，為自己 贏得了「時裝建築師」的稱號。他 眼中每一件服裝都是藝術品，而 非商品，並讓這樣的藝術品隨著 人體的姿態及舉動，在動態變化 中產生立體造型效果。

② Stop Gucci博物館 Gucci Museo
展示Gucci經典設計與當代藝術

📍 Piazza della Signoria, 10　🕐 時間：10:00～20:00，週四延長至23:00　🚫 12/25、1/1、8/15　➡ 由烏菲茲美術館步行約2分鐘

義大利經典名牌成立90週年時，選在1921年創立時的第一家店原址——Palazzo della Mercanzia老建築內成立品牌博物館。

館內除了展示歷年的經典設計外，也展出前衛的當代藝術，並設有Icon Store專賣店，有些款式是這家博物館的限定版。此外博物館附設的餐廳Gucci Osteria也特別聘請名廚Massimo Bottura負責，所有食材均採用有機產品。

若想輕鬆用餐，博物館旁的小小巷內，也有家有趣的小酒館Osteria Vini e Vecchi Sapori，供應各種經典的托斯卡尼餐點。

③ Stop Salvatore Ferragamo博物館 Museo Salvatore Ferragamo
一次看盡上萬雙Ferragamo鞋樣

📍 Palazzo Spini Feroni, Piazza di Santa Trinita, 5/R　🕐 10:00～19:30　🚫 1/1、5/1、8/15、12/25　💲 6歐元　➡ 由主教堂步行約10分鐘　🌐 www.ferragamo.com/museo

佛羅倫斯的Palazzo Strozzi策畫了一次成功的Ferragamo品牌展之後，又在全球各地巡迴展出，該品牌從中深切感受到清楚展現品牌文化的重要性，於是在1995年於佛羅倫斯總部成立博物館，展示品牌故事及1920～1960年代Ferragamo所製作的1萬雙鞋樣，及家族收藏的骨董鞋、藝術品，當然也包括Ferragamo歷年的經典包款及服裝設計。

Palazzo Strozzi展覽場
地址：Piazza degli Strozzi
時間：10:00～20:00，週四延長至23:00
費用：12歐元
前往方式：由主教堂步行約7分鐘
網址：palazzostrozzi.org

建築本身曾為佛羅倫斯銀行家Strozzi的家族宅邸，2006年成立基金會後，將這裡轉為當地最活躍的時裝設計及藝術展覽場(Piano Nobile及Strozzina展區)，常有創新的國際級展覽，以及展示Palazzo Strozzi歷史的常設展區。文藝復興風格的中庭，常舉辦音樂會、表演藝術、當代裝置藝術等活動。

精品街上的Palazzo Strozzi現為短期藝術展覽場，也常舉辦各種藝文活動

教堂

從圓頂眺望全城，三廊式建構的宏偉教堂

百花聖母大教堂／主教堂
Duomo(Santa Maria del Fiore)

Piazza Duomo 17 | (055)215380 | 主教堂10:00～17:00，大圓頂08:30～19:00，洗禮堂08:15～10:15、11:15～19:30，鐘塔08:15～19:00，博物館09:00～19:00 | 主教堂免費，建築群72hr聯票18歐元 | 由火車站步行約10分鐘 | www.ilgrandemuseodelduomo.it (可下載導覽App) |
大圓頂須先預訂(尤其是旺季；冬季建議視當日天候再現場購票)，且須爬463階，沒有電梯；鐘塔414階，亦無電梯

圖解主教堂群

—— 喬托鐘樓

—— 大圓頂

—— 主教堂

—— 洗禮堂
(但丁等名人都是在此受洗，可說是許多佛羅倫斯人的人生之始)

教堂原址

原址是聖瑞帕拉塔教堂(Santa Reparata)，取名自一位年僅12歲的女殉道者。據傳 5 世紀一次戰亂時，這位女聖徒突然手持著百合花、肩扛著一面血旗來到戰場，並奇蹟式地帶來羅馬將軍領軍的新軍團，拯救了佛羅倫斯人，因此當地人建造這座教堂來紀念她。

耗費百年的建築工程

13世紀時，富裕的佛羅倫斯一直想要建造一座比宿敵西耶那(Siena)更大、更美的主教堂。經過多方討論，決定重建市中心的Santa Reparata教堂，並由Santa Croce聖十字教堂的建築師Arnolfo di Cambio主事，將這座教堂獻給聖母瑪利亞。而佛羅倫斯素有「百花城」之稱，因此取名為「百花聖母大教堂」。

教堂的建造工程後來由喬托(Giotto)接手，期間完成了著名的喬托鐘樓(Campanile di Giotto，1334～1356，高達82公尺)，西元1337年喬托過世後又由Andrea Pisano接手，西元1348年的黑死病造成工程停頓。西元1349年復工後，又經歷好幾位建築師，一直到布魯內列斯基(Brunelleschi)建造了橘色大圓頂，才有突破性的發展。以直徑約43.7公尺，高91公尺的完美八邊形比例，稱霸佛羅倫斯，共花了18年才完成

這巨大的圓頂，以當時的技術根本無法完成，因此工程延宕了一百多年，一直到西元1463年，天才建築師布魯內列斯基受到羅馬萬神殿的靈感啟發，才突破技術，改以兩個殼面打造圓頂。高大的外殼營造出高聳雄偉的氣勢，而內殼則用來支撐外殼的部分重量，也符合教堂內部的大小。圓頂完全沒有使用拱架，以創新的魚骨結構由下往上砌成。

這個刻著24小時的鐘可是逆著旋轉的

教堂圓頂其實並不是圓形，而是利用肋架券將穹頂分為8瓣組成，再像箍木桶那樣用鐵環圈住整個穹頂，讓整座穹頂座落在12公尺高的鼓座上

《最後的審判》

震憾人心的《最後的審判》

在教堂內仰望圓頂，可以看到震撼人心的天井畫《最後的審判》(Last Judgement, 1572～1574年)，出自名畫家瓦薩利(Giorgio Vasari)及後來接手的Zuccari之手。所有觀眾仰著頭望向天頂，彷彿上帝正要向你宣布祂的判決般，整幅畫層層相疊，巧妙地將一組組的人像分別安排在大圓頂的8個角面上。中間為即將宣判的上帝，接續為聖母、聖約翰，及信、望、愛三美德女神。並以強烈的筆觸明顯劃分出天堂盛宴與地獄折磨的差別。如想要更近距離的欣賞畫作，還可爬上463級階梯，環著圓頂走一遭，再到圓頂外面眺望佛羅倫斯全景。(傍晚尤佳)

教堂內部以三廊式建構，自然構成一股莊嚴的氣氛，並以拼花地板及祭壇聖殿拓展出教堂氣勢。外牆以鮮豔的白色、綠色、紅色大理石，拼出落落大方的幾何圖形，簡單地襯托出教堂的建築氣勢。

八角建築，聖喬凡尼洗禮堂

教堂對面的八角形建築，聖喬凡尼洗禮堂(Battistero di San Giovanni)，是主教堂群中最早完成的，建於5～11世紀，為羅馬式建築的代表。

最引人注目的就是三面青銅門上的精采浮雕，刻繪著10幅聖經故事。當初競稿的主題為舊約聖經的「以撒的犧牲」：天神命亞伯拉罕獻上自己的愛子為祭品來考驗他，後來天神也深受他忠誠的信仰所感動，而拯救了以撒的性命。

當時有6個人參加天堂之門設計競圖，後來布魯內列斯基將這次機會讓給吉伯特，而22歲的吉伯提，也花了20年之久，以遠近的距離感，營造出明暗對比，精心刻繪出舊約聖經的故事，讓米開朗基羅稱讚東側門雕刻好得足以裝飾「天堂之門」。

據說過此門能讓世人獲得救恩，每25年才開一次，下一次開門時間是西元2025年。南側門以28幅畫描繪聖約翰傳教的故事，北側門同樣以28幅畫，刻繪出基督與12使徒的生平故事。天堂之門的真跡歷經27年的整修，終於在2012年完成，現收藏於主教堂旁的教堂博物館中(Museo dell'Opera del Duomo)。

天堂之門，左側由上而下為：亞當與夏娃、挪亞方舟、雅各與以掃、摩西生平、掃羅與大衛；右側由上而下為：該隱與亞伯、亞伯拉罕、約瑟、約書亞、所羅門王的聖殿；門緣則是預知者與女先知的雕像

玩家帶路 ——
Pegna老超市與Edoardo冰淇淋

大教堂旁的小巷內(喬托鐘塔這一側)，有家1860年開設的Pegna老超市(地址：Via dello Studio, 8)，販售特選的義國食品(托斯卡尼地區的食品尤其豐富)與生活用品(可買到MARVIS牙膏)。此外，店內的散裝咖啡豆也很值得購買。超市對面還有家很棒的玩具店。深受歡迎的Edoardo手工冰淇淋店位於主教堂後側街角，食材多採用機品，且還有不含蛋、奶的冰淇淋口味。

推薦Edoardo的杏仁冰沙，及當季水果口味冰淇淋

教堂 充分展現理性主義的古典建築

聖羅倫佐教堂
Basilica di San Lorenzo

✉ Piazza San Lorenzo 📞 (055)290-184 🕐 10:00～17:00；麥迪奇禮拜堂08:15～13:50 🚫 每月第2、4週日及第1、3、5 週一 💲 教堂及麥迪奇禮拜堂門票8歐元，優惠價4歐元 🚶 由主教堂步行約5分鐘(中央市場旁)

聖羅倫佐教堂建於5世紀，為當地第一座大教堂，後來又於15世紀，由布魯內列斯基重新設計，為典型的文藝復興古典建築，充分展現文藝復興所講求的理性主義。教堂內的講壇還有唐納太羅的雕刻──《耶穌的一生》。

不過，這座教堂最引人注目的，其實是教堂後頭的麥迪奇禮拜堂(Capelle Medici)，裡面有米開朗基羅精采的《晝》、《夜》、《晨》、《昏》雕像。

麥迪奇禮拜堂(Cappelle Medicce)

這裡是麥迪奇家族安息地，米開朗基羅在朱利亞諾麥迪奇(Giuliano de'Medici)及羅倫佐麥迪奇(Lorenzo de'Medici)墓上雕刻了《晝》、《夜》(朱利歐墓上)、《晨》、《昏》(羅倫佐墓上)4尊雕像。而米開朗基羅廣場上的大衛複製雕像基座，就是這4座雕像的複製品。

這兩組雕像相互對應，《晨》、《夜》分別為年輕女子，而《晝》、《昏》則為老年人。《晝》：就好像是一位剛從睡夢中被驚醒的人，右手從背後撐著身子，眼睛向前凝視著；《夜》：手枕著頭，正在沉睡中的女子，以腳下的貓頭鷹象徵著黑夜的降臨，身旁的面具，則象徵著她正受惡夢纏身。

聖羅倫佐教堂外就是熱鬧的市集

《昏》：這位似乎有點經歷的男子，身體放鬆地倚靠著，正處於靜思的狀態。《晨》：以年輕、健美的胴體，象徵著青春美麗的女子，正在掙扎著要從睡夢中甦醒過來。

米開朗基羅這4座雕像，即使在睡夢中也是輾轉難眠，藉由這痛苦的掙扎，表現出世人難以擺脫時間的控制與面對生死的命運。

麥迪奇宮(Palazzo Medici-Riccardi)

穿過聖羅倫佐廣場往Via Cavour走，可來到麥迪奇宮，這裡曾是麥迪奇家族的居所，同時也是文藝復興時期的代表建築。建於1444年，由米開羅佐(Michelozzo)主事。這座3層樓高的建築架構相當嚴謹，樓層比例越往上越窄，就連各層樓的窗戶都是按比例縮小的。底層放置粗獷的大石塊，中層轉為整齊排列的石塊，最上層則是平滑的表面處理。此外，中庭則以列柱排列組合。這座理性主義的建築完成後，隨即在義大利境內大為風行。

長形會堂設計，精密比例的幾何立面
新聖母教堂
Chiesa di Santa Maria Novella

Piazza Santa Maria Novella　(055)219-257　週一～四09:00～17:30，週五11:00～17:30(夏季到19:00)，週六09:00～17:00，週日13:00～
17:00　週日早上　5歐元(優惠票3.5歐元)　由火車站步行約2分鐘，由主教堂步行約5分鐘

當時佛羅倫斯主要分為2個宗教派別，一是聖方濟會士教派，以聖十字教堂為代表，另一個則是多明尼教派，以這座新聖母教堂為代表。

這座教堂建於西元1279～1357年間，內部分為3個廳及1個袖廊，為長方形會堂設計。有別於其他教堂以石柱支撐重量，這座教堂以牆壁為支撐點。由於結構較為低矮寬廣，所以改以木造屋頂，以減輕重量，上面再加蓋一個樓層。教堂正面是名建築師阿爾貝提的作品，以古羅馬建築為設計基礎。整個立面呈大正方形，再細分為不同的幾何圖形。而同時也是數學家的阿爾貝提，是以精準的1:1、1:2、1:4比例來計算各圖形。

教堂內以馬薩奇歐(Masaccio)的《三位一體》濕壁畫最為著名。馬薩奇歐去世時年僅28歲，但卻轟轟動動地進行了一場繪畫史上的大革命。他在這項作品中，靈活地運用了透視法及光影畫法，讓人乍看之下，以為他在壁上鑿了個洞，而觀者也

新聖母教堂後側　　　　　新聖母教堂庭園

好像親臨現場，與畫中的場景，有了更深刻的連結，達到宗教畫傳達教義的效果。

教堂後殿的Gondi禮拜堂可看到布魯內列斯基所雕的十字架。據說唐那太羅完成放在聖十字教堂中的十字架後，請好友布魯內列斯基評論，得到的評語卻是「將一個鄉巴佬放在十字架上」，唐那太羅於是也請他雕　座來看看。十字架完成後，唐那太羅趁著好友出門前往他家觀看，結果為之驚艷，連身上的雞蛋打破了都不自覺。

新聖母教堂的修士自13世紀起，以自種花草製作各種草藥及天然保養品，這家老藥局至今仍營業著，供應高品質的草本商品(見P.21)。

圖片提供／《西洋美術小史》

藝術家小檔案

阿爾貝提(Leone Battista
Alberti,1404～1472)
身兼建築師、數學家、藝術家、作家、語言學家、音樂家，被認為是僅次於達文西，文藝復興所追求的全人。他的著作《建築十卷》對文藝復興時對人的概念有完整的闡述。

《三位一體》濕壁畫

教堂

佛羅倫斯眾家名人生之終點

聖十字教堂
Basilica di Santa Croce

✉ Piazza Santa Croce 16 ☎ (055)246-6105 ⏰ 週一～六09:30～17:00、週日及宗教節慶14:00～17:00 ❌ 週日早上、1/1、復活節、6/13、10/4、12/25、12/26 💲 8歐元，11歲以下免費 🚌 由主教堂步行約15分鐘或搭巴士C1、C2、C3 🌐 www.santacroceopera.it

有人說，百花聖母教堂的洗禮堂是佛羅倫斯人生的起點，而聖十字教堂則是死的終點，因為米開朗基羅、伽利略、著作《君王論》的馬基維利、音樂家羅西尼、伽利略等276位名人都長眠於此。

教堂始建於西元1294年，原址為阿西西的聖方濟各於1228年所建的小教堂，後來又重新擴建，鐘樓部分建於西元1842年，新哥德風格的教堂立面，以大理石鋪造幾何圖形裝飾。這座哥德式教堂的天花板刻意採用木質架構，營造出早期基督教會堂的樸實風格。

教堂內部有許多文藝復興之父喬托的作品，其中以正殿的Bardi禮拜堂內的《聖方濟的一生》(La Vita di

米開朗基羅墓前的沈思女神

San Francesco)最著名。此外，還有但丁紀念碑，及右側第5根柱為唐那太羅的《天使報喜》浮雕。

6月佛羅倫斯主保聖人節之前，教堂廣場上會舉辦中世紀足球賽，聖人節當天舉辦總決賽。教堂附近有Data Records 93老唱片行(地址：Via dei Neri, 15/r)，同一條街上另有知名三明治店All'Antico Vinaio，冰淇淋老店Gelateria dei Neri也在這一區。

聖十字教堂可說是佛羅倫斯人的神聖安息地

由領主廣場往聖十字教堂路上，會經過Signum紀念品店(Lungarno degli Archibusieri, 14R)

教堂

外觀樸實簡單

聖靈大教堂
Basilica di Santo Spirito

✉ Piazza Santo Spirito, 30 ☎ (055)2768-325 ⏰ 週一～六10:00～13:00、15:00～18:00、週日11:30～13:30、15:00～18:00 ❌ 週三 💲 1樓可免費參觀(但需通過安全檢查) 🚌 由舊橋步行約7分鐘 🌐 basilicasantospirito.it

附近街道相當有味道，可找到許多有趣的餐廳及老咖啡館

聖靈大教堂

古城區人口逐漸增多後，有些人開始移往這區，原本的小教堂也請布魯內列斯基擴建為目前所見的聖靈教堂。教堂正面設計極簡樸實，正符合這區的工人及社會主義文化氣息，而教堂內部則有利比的作品。

聖靈區以往是大學生及外國學生最喜歡聚集的區域，沿著亞諾河往聖靈教堂方向走，可逛逛Borgo S. Jacopo及Via Maggio街上的特色小店及畫廊，教堂週邊也有許多小餐館，適合用餐或享受傍晚的餐前酒。

古遺跡、廣場

可容納500人的大型議事廳
領主廣場及舊宮
Palazzo Vecchio(Palazzo della Signoria)

✉ Piazza della Signoria 📞 (055)2768-325 🕐 週一～日09:00～19:00(4～9月開放到午夜)，週四09:00～14:00 🚫 週四下午、1/1、12/25、復活節
💲 1樓可免費參觀(但需通過安全檢查)，2～3樓博物館10歐元 🚶 由主教堂步行約5分鐘 🌐 www.museicivicifiorentini.comune.fi.it

這美麗的大廳，目前仍然是佛羅倫斯市民舉行婚禮的熱門地點

Palazzo Vecchio 是「舊宮」之意，原名Palazzo della Signoria，為市政廳，曾是麥迪奇家族的宮殿，義大利剛統一時，這裡是聯合政府的行政中心，1865～1871年佛羅倫斯為義大利首都時，則為當時的眾議院及外交部。

建築外牆為鄉間粗石貼面，形式為城堡風格，哥德式窗戶與細長的鐘塔相互輝映。現在門口擺著米開朗基羅《大衛》複製品，裡面也有米開朗基羅的雕像作品。進門會看到第一中庭放著一座《抱著海豚的男孩》雕像，以及典雅的天花板。第二中庭放著象徵佛羅倫斯共和國的獅子，不過這個中庭的主要功能是用來支撐500人大廳的石柱。

玩家小抄1
《達文西密碼》的作者Dan Brown另一暢銷作品《地獄》就是由佛羅倫斯的舊宮展開刺激的解謎之旅。現在博物館也推出相關的主題導覽，可在官方網站預約。

玩家小抄2―新市場的野豬傳奇
俗稱「野豬市場」的新市場(Mercato Nuovo)，自古就是絲綢及珠寶商的交易場所，建築本身為典雅的文藝復興廊庭式建築。市場邊的野豬銅雕(1612年)為人造滴水泉，泉水會從野豬嘴裡滴出。傳說只要將硬幣放在野豬的鼻子，若是硬幣能落入野豬口中，再掉入中間的洞，就能再重遊佛羅倫斯了。

達文西與米開朗基羅的對決

這座建築最著名的是500人大廳(Salone dei Cinquecento)。整座大廳長52公尺，寬23公尺，為麥迪奇大公委託建築師Simone del Pollaiolo於1494年建造。當時還特地請達文西與米開朗基羅在大廳內進行一場史上最有趣的藝術大賽，分別在兩面牆畫上對抗比薩與西耶那的《安加利之戰》及《卡西那之戰》，後來因為米開朗基羅被徵召到羅馬，達文西轉往米蘭發展，兩人都只完成部分草圖，目前看到的畫，是之後的畫家以當時的草圖所繪的。

絢麗的天頂畫與廣場雕像

後來整座宮殿又在科西莫一世的要求下，請瓦薩利(Giorgio Vasari)大幅改建。絢麗的天頂，以金框鑲著各幅歌頌科西莫一世的事蹟。大廳的雕刻，則營造出議會廳的莊嚴感。

除了500人大廳之外，2樓及3樓部分還有許多文藝復興時期的家具展，每一間房間也都有精采的天頂畫。

此外，舊市政廳外的領主廣場有許多精采的雕像，包括科西莫騎馬像、象徵佛羅倫斯擴展海上霸權決心的海神噴泉(Fontana di Nettuno)、傭兵涼廊(Loggia dei Lanzi)，以及大力士與卡庫斯(Hercules & Cacus)雕像。傭兵涼廊放了多尊精湛的雕刻作品，其中由喬波隆納雕刻的《劫持薩賓婦女》(il Ratto delle Sabine)，同樣能令人感受到石頭像自由不拘的形態。

★郊區景點★

比薩斜塔 Torre di Pisa

舉世聞名，建造與搶救並進的塔樓

✉ Campo dei Miracoli　☎ (050)835-011　🕐 10:00～17:00，12/25～1/6 09:00～18:00，3月09:00～18:00，4月～9月08:00～20:00，主教堂均為 10:00開放　🈺 平日無休，如遇主教堂慶典日，下午13:00開始開放給遊客入內參觀　💲 18歐元(預訂費2歐元)，主教堂免費(但仍需到櫃檯取免費票)，另參觀主教群的一個景點5歐元，兩個景點聯票7歐元，三個景點8歐元，11月1～2日免費　🚌 由火車站對面的公車站牌搭LAM ROSSA紅線、4號及夜間車21號(紅線及21號公車也開往比薩機場) 公車前往，約10分鐘車程，或步行約25分鐘。　🖥 www.opapisa.it

圖片提供／《藝術裡的祕密》

原本只是比薩主教堂的鐘樓，竟以那傾斜5.5度的無心之作而聞名世界，成為義大利遊客必訪之地。

危危欲墜的斜塔，歷經多年的拯救工程後，終於完工對外開放參觀，但旺季參觀人數很多，建議事先預訂，以免好不容易到了比薩卻無法入內參觀。(淡季可以直接到現場詢問哪些時段有空。)

●┄┄┄┄┄┄┄┄┄┄┄┄┄┄┄┄●
玩家小抄─比薩斜塔小檔案

建造時間：西元1174～1350年
地基到鐘樓高度：北側56.5公尺
　　　　　　　　南側54.25公尺
鐘塔向南傾斜度：5.5度
樓層：8層樓
階梯：273階
外徑：15.4公尺

圖片提供／《藝術裡的祕密》

●┄┄┄┄┄┄┄┄┄┄┄┄┄┄┄┄●

*比薩城可說是佛羅倫斯郊區行程中必遊的小城，因為這裡有著舉世聞名的比薩斜塔。大部分遊客選擇1日往返佛羅倫斯，或來趟比薩與路卡1日遊，或甚至繼續前往五鄉地(Cinque Terre)。

曲折的建造工程

西元1174年由伯納諾畢薩諾開始興建這座8層樓高的塔樓，計畫立213根列柱，再以273階螺旋階梯蜿蜒而上，連接起各樓層。不過工程蓋到第4層時突然叫停，因為他們發現南面的地基比北面低了2公尺，土壤可能無法負荷塔樓的重量。

這一停工，也停了近百年，一直到西元1272年補強土質後才又繼續進行。然而，比薩斜塔的建造工程可說是曲折不斷，西元1278年即將開始建造第七層時，又因戰爭而停工。幸好藉此機會，再發現土質無法承受重量，再次補強之後，才又繼續工程，終於在西元1350年完工，興建工程延宕了200年。建造完成時，就已偏離垂直中心線2.1公尺。而且當初為了矯正塔樓，還特地只在北側建造4層階梯，南側建造6層階梯。

最精緻的羅馬風建築

窄小的登塔階梯

除了斜塔的特色之外，優美的建築設計，更是令人讚嘆。典雅的列柱造型與階梯設計，可說是羅馬式建築的完美典範。全塔採用白色大理石砌造，每層以12～31根圓柱環繞，圓柱頂部刻有獸頭像，最頂層的雕刻最為精細，就好像是頂著美麗的皇冠(深受拜占庭裝飾風格所影響)。

而奇蹟廣場上的比薩主教堂(Duomo di Pisa)及洗禮堂(Battistero)也都是精采之作。伽利略就是在比薩大教堂做禮拜時，觀察教堂內青銅古吊燈的擺動與自己脈膊，而領悟到「擺錘等時性原理」，進而發明了計脈器。洗禮堂的外牆裝飾最為細緻，內則有畢薩諾精采的耶穌誕生雕像，完美地融合羅馬藝術與哥德風格。

玩家小抄─洗禮堂與公墓

三角形尖頂的哥德風裝飾

聖賢頭像雕飾

主教堂及洗禮堂內也有許多優秀的喬托雕像作品，而洗禮堂八角形的空間，提供了完美的回音效果，因此每半小時會有人在此唱歌，讓大家體驗一下何謂天音。主教堂旁的公墓有一連串的濕壁畫，都極具省思意味，據說以前還會在畫旁放鏡子，讓觀者看到自己看畫時的臉上表情，進而檢視自己的內心世界。

網路訂票Step By Step

可接受1～20天內的網路訂票，當日購票須到現場購票處，但限於每日人數限制，建議先訂票。訂票後，參觀日前24小時可取消或更改日期。基於安全考量，8歲以下兒童不可上塔參觀。

 Step 進入訂票網頁：www.opapisa.it/en/tickets/buy

 Step 選擇日期

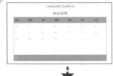

Step 選擇時間及人數：點選Tower後按Forward往前，接著選擇參觀時間及人數，按加入購物車Add to shopping cart。確認後勾選，接著按SELECT。

 Step 點選最下面的Show shopping cart

 Step 填寫個人資料：名(first name)、姓(last name)，e-mail務必正確填寫，勾選同意條款，接著按PROCEED。

 Step 付款及取票：選擇付款方式，以Visa或Master信用卡付款者，選擇第一個，接著填寫信用卡詳細資料。付款完成後即可收到確認信，參觀當日持電子確認信到櫃檯取票即可。

西耶納大教堂 Duomo di Siena

內、外皆令人驚豔讚嘆的教堂

✉ Piazza del Duomo, 8　☎ +39 0577 286300　🕐 平日10:30～19:00(國定假日前一日至18:00)，週日、國定假日13:30～18:00；11～2月底休息時間提早至17:30。12/26～1/8為10:30～18:00(國定假日前一日至17:30)，週日、國定假日13:30～17:30　🚫 週日上午　💲 8～15歐元，依淡望季而定　➡ 由貝形廣場步行約5分鐘　🌐 operaduomo.siena.it

　　1260年一場戰爭大勝後，開啟了西耶那的鼎盛時期，目前城內所見的重要建築，均為此時期所建。這座中世紀的哥德羅馬式教堂是西耶納人獻給聖母的主座教堂，於14世紀完成，呈拉丁十字架構(後來西耶納式微，南面牆一直未完成)。教堂外表為托斯卡尼地區常見的白、綠、紅色大理石，內部則以象徵西耶納城的黑、白色為主調，細部雕刻相當精采，包括米開朗羅年輕時雕刻的聖保祿像、喬托的講壇，Piccolomini 圖書室的濕壁畫等都令人讚嘆連連！

1. 教堂正面上半部為哥德樣式，下半部為羅馬風格　2.相傳西耶納是由母狼撫育長大的兩兄弟建成的，周圍的動物則是附近聯邦城市的象徵　3.整座教堂還鋪滿了神奇的鑲嵌地板，14～16世紀才全部完工。共有56片，主要為舊約聖經、四美德故事，其中有些平時會蓋起來，每年9月左右會揭開所有地板畫展出6～10週的時間　4.教堂內的Piccolomini 圖書室是最大的亮點，內部由Pinturicchio所繪的教皇Piccolomini(Pius II)生平故事濕壁畫，令人為之驚艷

玩家帶路 ── Pienza文藝復興小鎮與Montichiello藝術小鎮

位於西耶納南部Val d'Orcia山谷區，有座精心規畫的文藝復興小鎮皮恩扎Pienza，整座小鎮及山谷區均已列為世界文化遺址(這裡也相當靠近美麗的酒鄉Montepulciano及 Montalcino)。由於這裡是庇護二世教皇Pius II的出生地，他特別延請建築師Bernardo Gambarelli，也就是人稱「紅髮貝納多」，將小鎮重新規劃為文藝復興小鎮，也是最早採用以人為本的都市規劃概念打造的城鎮。

距離皮恩扎約10公里處，有個低調美麗的小鎮Montichiello，此處的房舍充滿中世紀風情，而且村落最上方的橄欖樹園中，有時還會擺放著與大自然相呼應的畫作。夏天村裡的廣場也有戲劇表演。
Montichiello的古城牆邊有間托斯卡尼料理小餐館Osteria La Porta(www.osterialaporta.it)。如要前往，推薦事先預訂戶外平台，可以看到絕美的托斯卡尼丘陵景觀。

優雅迷人的Montichiello小鎮　　古城門邊的Osteria La Porta，外面平台擁有絕美的托斯卡尼景致

佛羅倫斯市集與購物街區

中央市場

　　佛羅倫斯的老市集位於聖羅倫佐禮拜堂附近，之前因衛生問題日漸嚴重，所以特別聘請打造米蘭著名長廊的建築師Mengoni，設計了這座以玻璃天窗構成的自由主義風格室內市集。

　　目前1樓為蔬果食品攤位，可嘗到著名的牛肚及烤豬肉三明治、炸海鮮小吃。2樓改裝後，堪稱義大利美食博物館，幾乎各種義式經典美食、冰淇淋、甜點都可吃到，還可看到義大利麵、披薩等製作過程，另設有烹飪教室及食品超市，甚至連中式的麵食都有。

周邊特色店家
lupen and margo

地址：via dell' Ariento第75號攤
網址：lupenemargo.it

牛肚(lampredotto)是佛羅倫斯特殊美食，除中央市場內Nerbone牛肚攤外，市場外的街角還有一攤著名的牛肚三明治lupen and margo，現已傳承到第三代，綠色辣醬是其特色，記得一定要加。若不想配三明治吃，也可單點燉牛肚或燉牛肉。

除了著名的Trippa牛肚之外，蛋與內臟燉煮的Cibreo這道菜，也是佛羅倫斯特色料理，市區著名餐廳Cibreo，就是以此命名

Trattoria Mario小餐館

地址：Via Rosina 2/R
電話：(055)218-550
時間：週一～六12:00～15:30
店休：週日、國定假日及8月的前3週休息
網址：www.trattoriamario.com

這家小餐館只供應午餐，鬧哄哄的食堂，充滿義大利人的活力。最好中午12:30以前抵達，否則一位難求。

到這裡當然要品嘗著名的佛羅倫斯牛排，服務生會先端出未烹煮的大塊生肉讓客人檢視肉質，滿意才進廚房烹烤。這裡的義大利麵也很便宜、火腿拼盤也很優質，是平價享用中餐的好地點。

如果想平價享用大分量的佛羅倫斯牛排，就來這吧！

Annibali Chiti電器行

地址：Via dell'Ariento, 59/r
時間：09:00～13:00，15:00～19:30
店休：週日
網址：annibali-chiti.it

中央市場外的這家 1880年創立至今的電器行老店，店裡雖然亂亂的，一點也不時髦，但幾乎你所需要的咖啡機、咖啡杯組、酒器、廚用及家用品都可在此買到！

佛羅倫斯市集與購物街區

其他特色市集

Mercatino delle Pulci 舊貨市集

位於聖安勃吉歐市場附近的Piazza dei Ciompi，自西元1900年初期就一直存在著這麼一個有趣的舊貨市集，在此可找到古畫、古書、老家具等。此處距離佛羅倫斯的猶太會堂也不遠，會堂旁的Ruth是市區最著名的猶太餐廳。

堡壘古董市集及Cascine平價市集

若對舊貨有興趣者，每個月的第三個周末，舊貨古董商會定期在La Fortezza堡壘旁的湖畔舉辦古董市集。而每週二在河畔公園Cascine內則有Mercato delle Cascine，是一般市民最愛的平價商品市集。

有機市集Mercato Biologico

每個月的第一個週六及第三個週日09:00～19:00，在聖靈廣場上有著熱鬧又有趣的有機市

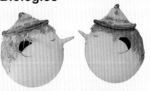

集。除了可買到各種有機蔬果、起司、果醬、蜂蜜外，還有些小工作坊的手工藝品攤，可說是市區最有趣的市集。而每個月的第二個週日，則是舊貨市集(Mercatino Vintage)。

共和廣場、百貨公司與精品街區

共和廣場(Piazza della Repubblica)原本為市區的老市集，市集遷走後，現在的共和廣場為咖啡館、La Rinascente百貨公司、書店、Bialetti咖啡壺專賣店、電影院所環繞。

La Rinascente是義大利百貨業的龍頭，此處規模雖不若米蘭大，但仍可買到一些包、服飾，頂樓的生活居家區(如Alessi、SMEG)及食品雜貨，也可買到不錯的橄欖油、巧克力(如Amedei)、葡萄酒醋等，地下樓層則可買到各式行李箱。

只要穿過共和廣場的拱門，即可在Via degli Strozzi街上看到LV、BV等名牌店，繼續往前

走與之交接的Via de' Tornabuoni為主要精品街，還可找到Gucci、Prada、Armani等義法經典名牌店，靠河邊甚至還有Ferragamo博物館及總店。

La Rinascente百貨旁還有多家中價位的義大利及國際品牌，後面則有主打中價位品

La Rinascente樓上可買到義大利設計生活用品(如復古設計的SMEG電器品)及優質食品

牌的Coin百貨，地下樓層可買到許多優質居家產品，1樓為香水、化妝品及小飾品、男裝，2樓有些適合熟女的品牌，3樓可買到優質童裝。

附近小巷的Flow Run可買到Diadora復古鞋，整個店面裝潢超有型，此外精品街附近的VIAJIYU則可找到優美的鞋款(地址：Borgo Santissimi Apostoli, 45R)

餐廳推薦
Acqua Al 2餐廳

地址：Via della Vigna Vecchia 40/r
電話：(055)284-170
時間：19:30～午夜
費用：15歐元起
網址：www.acquaal2.it
注意事項：最好先訂位

這家創立於西元1978年的餐廳之所以這麼有名，要歸功於它獨特的菜單，首家推出Assaggio，「試吃」菜單(它的菜單可是有申請專利的)。一般點菜只能嘗到一道菜的口味而已，但它卻能讓客人點一道就可嘗到5種不同的口味。

試吃菜包括第一道菜(Assaggio di primi)、沙拉(Assaggio di Insalate)、第二道菜(Assaggio di Secondi)、起士(Formaggi)及甜點(Dolci)。其中最推薦的是第一道菜、第二道菜及甜點(沙拉單點就好了)。以第一道菜為例，他會分別上5道義大利麵或其他第一道菜的料理，第二道菜則會將3種不同的肉或魚類分放在大盤子裡，甜點也是這麼做的(絕不要錯過它的提拉米蘇)。

玩家帶路 ── 佛羅倫斯的紅頂之旅

佛羅倫斯商人號稱為紅頂商人，因為整座城市的紅瓦建築成就了這紅頂之都。而城內最佳的觀景處為聖母百花大教堂大圓頂及旁邊的喬托鐘塔。

圖書館頂樓闢為咖啡館Oblate Cafeteria

山丘上的米開朗基羅廣場，同樣是個優雅的觀景處。

此外，位於大教堂後面的Oblate老圖書館屋頂也設了咖啡館，不但方便市民看書累了有個休憩的空間，還可遠望大教堂圓頂；附近的孤兒博物館(見P.138)，屋頂的咖啡館同樣推薦；共和廣場旁的百貨公司 La Rinascente，頂樓同樣設有咖啡館，一面喝咖啡，一面還可聽到廣場上的歡樂聲。

玩家小抄－黑街Via de'Neri

Acqua Al 2所在地在巴傑羅博物館附近。以往的罪犯在巴傑羅宮判刑後，會走過這條Via de'Neri街到城外處刑。當時人們會在此送這些罪犯最後一程，並自稱為罪犯的黑衣夥伴，因此取名為「黑街」。

海上王國，藝術商城 ——
威尼斯Venezia

13～16世紀，以古羅馬式共和王國治理，由一群貴族組成的元老院領導的威尼斯共和國，藉由十字軍東征之名，取得亞得里亞海的海上霸權。15世紀中葉時，在威尼斯商人靈活的交易手腕下，當時可說是叱吒風雲、實至名歸的海上王國。

一睹威尼斯畫派風采

然而，後來卻因戰爭與內政的紛爭，而使威尼斯國力大減。但在威尼斯政勢日微之際，卻是藝術與文化大放異彩之時。建築師帕拉迪歐(Palladio)、名畫家提香(Tiziano)、提托列多(Tintoretto)、貝利尼家族等，共同創造出最燦爛的威尼斯畫風。

雖然有人說威尼斯的藝術與佛羅倫斯比較起來，顯得較為淺薄，但或許是因為長年看到各棟豪宅映在波光粼粼的水面上，威尼斯畫派的畫家在色彩與光影處理上，卻是令人稱絕。想要一睹威尼斯畫派風采，可前

往威尼斯畫派的寶庫－學院美術館。此外，擁有美麗哥德式建築外觀的總督府，是威尼斯共和國起起伏伏的歷史見證，裡面有許多威尼斯畫派最盛期時，最具代表性的藝術家作品。

威尼斯商人的經典收藏

當然，金碧輝煌的聖馬可大教堂，更代表著威尼斯商人的光榮歷史，裡面蒐藏著世界各地的寶藏。而來到威尼斯，不入豪宅賞畫，似乎無法深入認識當地文化，城內有多棟豪宅如今已改為美術館、博物館。

想欣賞現代藝術品，佩姬‧古根漢美術館及藝術雙年展、建築雙年展都是一場哲思與美學的激盪。威尼斯目前幾乎沒有現代高樓，彷如一座活的歷史博物館，旅人在水路交錯的迷宮中可以跳脫日常，並在建築狹縫間窺見專屬此地的浪漫。

威尼斯守護聖人－聖馬可(St. Mark the Evangelist)
聖經<馬可福音>的作者，曾為亞歷山大城的主教。威尼斯人認為他的分量足以作為城市的守護聖人，因此將其部分遺體偷偷從亞歷山大城移到威尼斯。飛獅為其象徵；聖馬可日為4/25。

旅遊路線規畫

Day 1 聖母可廣場及大教堂、花神咖啡、總督府、嘆息橋、高岸橋及魚市場、布拉諾島及穆拉諾島

Day 2 安康聖母教堂、佩姬古根漢美術館、學院美術館、雙年展公園週區

威尼斯藝術景點地圖

＊大運河全長3.8公里

博物館通行證 Venezia Unica

線上購票網址： www.vivaticket.it 或是 www.veneziaunica.it，可購買各種博物館、教堂、交通參觀聯票，或單純購買交通票、導覽團、停車費

如何訂購： 線上訂購最方便，進入上述網址，填寫資料及付款後，即會收到電子確認信，憑訂購碼PNR booking code，即可在威尼斯的交通票購票櫃檯，或ACTV交通票自動販賣機取票

票種： 1. 分為市立博物館聯票，及含市區交通的1天有效銀色通行券(SILVER CITY PASS)、3天有效的金色通行券(GOLD CITY PASS)、及7天有效的白金通行(PLATINUM CITY PASS)。點進不同天數的通行券後，還可依據自己會參觀的博物館數選擇不同的聯票，包括聖馬可廣場4 座博物館(含總督府)，再加上1～9座博物館及3～16座教堂不等的聯票。

2. 票種又分為成年票 Adult 及青年票 Junior，有效期限為 6 個月

3. 市立博物館聯票：包括總督府、柯雷博物館、考古博物館、馬其納圖書館、及佩薩羅之家、雷佐尼之家－18世紀藝術博物館、玻璃博物館、蕾絲博物館等10家博物館

票價： 通行券成人票價為28.9歐元起，青年票為21.90歐元起。聯票為24.50 歐元(線上購買為24歐元)

貼心提醒： 若會搭乘市區交通，購買Venezia Unica的通行券會比較划算。

威尼斯船站的ACTV自動購票機。點選Collect Tickets Purchased Online，輸入線上訂購的確認代碼，即可領通行券

威尼斯公船

水都威尼斯除了火車站附近的Piazza Roma廣場上有銜接機場及Mestre地區的公車外，市區交通不是靠步行就是公船或昂貴的計程船與貢多拉。不過威尼斯的公船價格也不便宜，會到其他離島或者搭乘次數較多者，建議購買1日票之類的票券。

●搭公船步驟：

1. 先看時刻表及路線表，確定自己要搭乘的公船號碼後到該公船的停靠處候船。

2. 進入候船站前請先將票插入黃色打票機打票或刷卡，否則視為逃票。

3. 公船站通常會有兩邊，確定你要前往的方向，到該公船站候船。

4. 公船到站後，確定船班的號碼及方向(船頭都會標示)，先讓下船的人出來後再上船。

5. 上船後可將大型行李放在入口旁的行李置放架。規定一個人只能帶一件大行李。查票員有時候會上船查票。

6. 到站下船時在出口等候公船靠站，服務員將繩索綁妥開門後依序下船。

7. 公船票價：單程票為7.50歐元、24小時票20歐元、48小時票30歐元、72小時票40歐元。

8. 參考網址：www.veniceconnected.com (提早購買可享優惠價)

上船方向

公船行駛方向

公船號碼

N代表夜班公船，白天班停駛後，由夜班船代替

公船行駛路線

公船行駛時刻表

出口，請勿從此進

黑色箭頭為入口標誌

公船站名稱

公船候船處，但在這裡等搖搖晃晃的，建議可先在外面等船來再進去

停靠公船號碼，請看清楚公船行駛方向，有些大站，不同方向有不同的候船處

搭船前記得在黃色打票機上打票，否則視為逃票

美術館／博物館

觀看世界最大畫作
總督府與嘆息橋
Museo di Palazzo Ducale & Ponte dei Sospiri

✉San Marco 1 ☎(041)271-5911 ⏰冬季08:30～17:30，夏季08:30～19:00(最後入館時間閉館前1小時) 🚫1/1、12/25 🎫聖馬可廣場群通行卡24歐元 🚤1、82號水上巴士到San Zaccaria或Vallaresso站，從火車站可搭1、2號公船到San Zaccaria下船 🌐www.museicivicivenezia ni.it ℹ也可參加秘密路線團，有英文、義文、法文團，可點選網站www.vivaticket.com，在「SECRET ITINERARIES-Doge's Palace」下面點選你想要參加的語言團，接著同預約通行證預約。若想在閉館後參觀，也可購買Special Opening票(至少15人成團)

　　這座哥德式作品建於威尼斯鼎盛時期，原為共和國時期威尼斯總督的住宅、辦公室(2樓)及會議廳(3樓)，為當時的政治中心。建築始建於9世紀，為拜占庭風格，後來曾遭祝融之災，目前所看到的是15世紀以後重建的哥德式晚期建築，除了哥德式的精緻裝飾外，還帶著一種不可言喻哥德式莊嚴氣勢。

層次豐富的拱形廊柱

　　建築的第一層由36座拱形廊柱排列而成，營造出美麗的光影效果；第二層疊上71根圓柱，靠近聖馬可大教堂這一側的第9與第10根柱子為較深的淺紅色，是當時公告死刑判決的地方。最上層則以粉紅色及白色大理石拼成幾何圖形。這時的建築風格已受到文藝復興時期的和諧與理性主義影響，不再那麼追求哥德式的精雕細球。

　　此外，重建總督府時，還特地聘請威尼斯最著名的藝術家來裝修總督府，像是提托列多、維諾磊斯(Veronese)、巴薩諾(Bassano)等人負責裝修內部。

總督府的牆面設計很有趣，無論是從外面或在裡面的中庭看每一面牆，都好像是一張平面紙，中間紅柱為公告死刑判決之處

16世紀中庭與黃金階梯

　　由青銅大門Porta della Carta進入總督府(原總督府的大門)，首先會看到16世紀青銅井的中庭及柱廊，階梯上可看到薩索維諾(Sansovino)的戰神與海神雕像。東側的階梯為著名的「黃金階梯」(Scala d' Oro)，這階梯的裝飾可都是24K黃金打造(西元1559年完成，當時只准許列入威尼斯名人錄「金書」者才可走上金梯)。上2樓可來到地圖室(Sala del Scrudo)及其他展覽廳。這裡有提香、喬凡尼貝利尼等著名威尼斯畫家的濕壁畫。

據說LV的商標設計靈感來自總督府

世界最大畫作《天堂》

　　3樓則包括方形大廳(Atrio Quadrato)、四門室(Sala della 4 Porte，提香的肖像畫)及候見室(Anticollegio，維諾磊斯著名的歐洲大浩劫)、Sala del Collegio等，可欣賞到提托列多、維諾磊斯及巴薩維諾的作品；最美麗的應該是大會廳(Sala del Maggiore Consiglio)，這是當時召開重要會議的場所，總督寶座後面的一整面牆就是當時全球最大的畫作《天堂》，大廳四周則掛滿76幅歷代總督的雕像。

自由與囚困的分界點－嘆息橋

穿過盔甲武器展覽室，接著就可抵達小小的嘆息橋(Ponte dei Sospiri)。典雅的白色大理石橋，為巴洛克早期建築，建於1600年，大理石上細緻的

雕飾及優雅的拱形線條，諷刺地連接著總督府與對面的牢房。這美麗的橋梁分為兩道，一邊通往地牢，另一邊則是被釋放時才有幸踏上的自由之路。

之所以取名為「嘆息橋」，是因為當因

犯走過這座橋時，從僅有的2個小窗戶看到外面的陽光，想到自己可能永遠無法再見天日，不由得悲從中來發出一聲嘆息。

不過自從電影《情定日落橋》(A Little Romance)在此拍攝後，就一掃這樣的憂愁。傳說只要戀人坐著美麗的鳳尾船，在午夜鐘聲響起時，經過嘆息橋深情相吻，就能讓愛情永垂不朽。

穿過嘆息橋即為9世紀的威尼斯監獄，隔間相當

小，可想像當時5～6位犯人擠在一室有多苦悶，也難怪牆上塗滿抒發鬱悶之情的塗鴉。

陰暗的監獄，滿是囚犯的塗鴉

藝術貼近看

ART1. 提托列多(Tintoretto)，《天堂》(Paradiso,1592)，26室

《天堂》為當時世界上最大的畫作，總面積達197平方公尺(高7.45公尺X寬21.6公尺)，位於大會廳的牆面上。這幅畫結合了米開朗基羅的線條運用與提香的色彩魅力，展現出矯飾主義的風格。無論是規模或畫作的表現技巧，都堪稱威尼斯畫派極盛時期的代表作品。

提托列多《最後的晚餐》與總督府「紙門」

在聖喬治教堂(San Giorgio Maggiore，位於S. Giorgio島上)的《最後的晚餐》(The Last Super)，畫家提托列多以他擅長運用的光源，挑逗觀者的眼光，讓畫生動不已。以前總督府的門面前有專人幫市民書寫訴訟狀、請願書等文件，因此這道門普稱為「紙門Porta della Carta。」

聖馬可廣場對岸的聖喬治教堂

《最後的晚餐》

玩家小抄2. ── 從屋頂逃脫的放蕩公子卡薩諾瓦(Casanova)

18世紀的情場高手卡薩諾瓦，曾因出版《看到》而犯了反教會之嫌，被拘禁在總督府的監獄，他跟一位獄友花了8個月的時間，在天花板挖鑿逃脫之道。據說成功逃出去後，馬上變裝為貴族，士兵還請他從正門走出去呢！

美術館／博物館

威尼斯畫派之寶庫

學院美術館
Galleria dell' Accademia

✉ Campo della Carità, Dorsoduro 1050　☎ 預約電話(041)520-0345　🕐 週一08:15～14:00，週二～日08:15～19:15(18:30後停止入館)　🚫 週一下午、1/1、12/25　💲 15歐元＋1.5歐元預約費　🚢 公船1、2號到Accademia站　🌐 www.gallerieaccademia.org

學院美術館可說是威尼斯畫派的寶庫，收藏許多14～18世紀的威尼斯畫派作品，包括貝利尼家族、喬吉歐、卡帕奇歐(Carpaccio)、提香、提托列多、維諾聶斯及提也波羅(Tiepolo)的畫作。

建築本身原為文藝復興式的修道院，西元1756年成立威尼斯畫家及雕刻家學院，並開始大量收藏威尼斯畫派作品。西元1797年拿破崙占領威尼斯，將教會、修道院收藏的藝術品都存放在學院中，並成立學院美術館。

美術館共有2層樓，依繪畫年代分為6個部分，包括拜占庭及哥德時期、文藝復興時期、巴洛克時期的藝術，其中以15～16世紀、17～18世紀的展覽室最有看頭，包括貝利尼家族的畫作《聖馬可廣場的遊行》(Ia Processione in Piazza)、喬吉歐的《暴風雨》(The Tempest)等。第10室則有維諾聶斯所繪的《李維家的盛宴》(Feast in the House of Levi)及提托列多的《偷竊聖馬可遺體》(Trafugamento Del Corpo Di San Marco)、《聖馬可奇蹟系列：解放奴隸》(The Miracle of St Mark Freeing a Slave)。

藝術家小檔案——威尼斯畫派特色

波光淋漓的環境，讓威尼斯畫派的畫作表現更為靈動，色彩也比古典畫派還要鮮豔、華麗，畫中的形體更幾乎是以色彩光影形繪出來，這也因為當時油彩畫開始傳入義大利，讓畫家更能自如地運用色彩，最佳代表畫家為Veronese。

威尼斯畫家不再把色彩當作裝飾而已，而是用色彩來表達情感，統整起整幅畫。其中，對威尼斯影響最深的應該是來自西西里島的商人安東尼洛(Antonello da Messina)。安東尼洛愛上油彩畫之後，棄商學畫，並定居在威尼斯，把油畫技巧傳授給其他威尼斯畫家，其中包括剛從佛羅倫斯學畫回來的艾可波貝尼尼，他成功結合了威尼斯的用色技巧與佛羅倫斯嚴謹的繪畫技巧，發展出獨樹一格的威尼斯畫派，後來又在2個兒子(Gentile Bellini及Giovanni Bellini)的發展下，達到顛峰。天才型畫家喬吉歐聶(Giorgione)及提香都是他的得意門生。

威尼斯畫派大師 —— 喬凡尼貝利尼(Giovanni Bellini, 1430～1516)

喬凡尼是威尼斯畫派的重要人物，帶領著幾位傑出弟子，讓威尼斯畫風成為文藝復興晚期的焦點。他原本採用蛋彩作畫，早期也深受妹婿Mantegna的影響，讓他對線條的掌握更純熟。後來轉為油彩畫，將光影、空氣的色彩發揮得淋漓盡致，線條也慢慢從畫中消失。喬凡尼在風景畫方面，謂為當代大師，他對光影的掌握極為精確，觀者可以看出該幅畫繪製的季節與時辰。

學院美術館前的木橋，是欣賞威尼斯大運河風光的著名地點

藝術貼近看

ART1. 喬吉歐晶(Giorgione)，《暴風雨》 (The Tempest, 1508)

這是一幅革命性的牧歌式繪畫，描述一位未來英雄的媽媽被逐出城，帶著幼兒時期的英雄流落到荒郊野外，被牧羊人發現時的場景。這幅畫將古希臘詩人的意境描繪得相當深刻，畫中的自然景觀也不再只是背景而已，而是跟畫中人物一樣，都是表述故事的重要元素。畫家在大比例的自然景觀中，以雷光、植物、雲彩、甚至是凝結在畫中的空氣，與畫中人物緊緊相連，讓畫中的每個元素，表現出當下的情緒與詩意。館內的另一重要作品是《寓意》五聯畫，分別描繪英雄、虛榮、運氣、憂鬱、虛偽。

圖片提供／《西方美術簡史》

ART2. 達文西(Leonardo)，《維特魯威人》 (Vitruvian Man, 1492)

文藝復興時期，許多思想都回歸到人本身，而達文西當時依照古羅馬建築師維特魯威所留下的比例學說，繪出這具有完美比例的人體圖像。他將人的高度及雙臂張開的長度都分為8等分，合起來共有64格。因此，依照這樣的比例來講，理想的身體比例，頭部應該是身高的1/8，陰部應該剛好位在中心位置。

西方藝術與東方文物匯集一地
佩薩羅之家－現代美術館及東方藝術館
Ca' Pesaro–Internazionale Gallery of Modern Art + Oriental Art Museum

✉ Santa Croce 2076　☎ (041)721-127　◷ 冬季週二～日10:00～17:00、夏季週二～日10:00～18:00　✖ 週一、1/1、5/1、12/25　💲 10歐元，優惠票7.5歐元，或可購買威尼斯博物館通行券Museum Pass 24.5歐元　⛴ 1號公船到San Stae站　🌐 capesaro.visitmuve.it

大運河畔的佩薩羅之家，為17世紀時，佩薩羅家族聘請建造安康聖母教堂的建築師隆傑那(Baldassarre Longhena)所建，為當時城內最大的巴洛克私人宅邸。這位巴洛克建築大師精心設計了面向大運河的建築正面，透過繁複的元素，勾勒出建築的華麗感。

目前改為現代美術館，1樓展出義大利雕刻作品，2樓則展出歷代威尼斯藝術雙年展及歐洲藝術大師的作品，3樓為東方藝術館。

2樓的部分最為精采，這裡有許多珍貴的現代藝術品，包括克林姆、米羅、亨利摩爾、康丁斯基、夏卡爾、馬諦斯等現代藝術家的作品。其中最受矚目的當屬克林姆的《茱蒂斯二》。

3樓的東方藝術館，有許多日本、中國、泰國、柬埔寨、印度支那的雕刻、陶瓷、銀器品等，共有3萬多件收藏。大部分都是一些生活文物，許多西方人倒是看得津津有味。

同樣位於運河畔的巴洛克華麗建築葛拉西宮(Palazzi Grassi)，也是威尼斯最重要的現代藝術館，每年會推出不同的展覽。

克林姆《茱蒂斯二》
(Giuditta II, 1909)

美術館／博物館

一覽20世紀繪畫與雕刻的現代藝術

佩姬・古根漢美術館

Collezione Peggy Guggenheim

☒ 701 Dorsoduro ☎ (041)240-5411 ⊙ 10:00～18:00 🈺 週二、12/25 💲 15歐元，學生9歐元，語音導覽7歐元 ➡ 搭1、2號水上巴士到Accademia或 Salute站 http www.guggenheim-venice.it

兩座展覽館間的庭園區也放置許多著名的雕刻作品

康丁斯基《紅點景緻》(Landscape with Red Spot, 1913)

　　這座美麗的18世紀白色建築只蓋一層樓而已，當地人戲稱為「未完成的建築」(Plazzo Nonfinito)，西元1949年時美國女富豪佩姬古根漢 (Peggy Guggenheim)買下這棟建築，直到1979年都是她在威尼斯的居所，甚至她過世後也葬於此。

現代藝術重要推手

　　古根漢是位傳奇性的藝術收藏家，她來自紐約的猶太富豪家族，瘋狂愛好現代藝術，常贊助窮困潦倒的藝術家，並大量購買各類藝術品，可說是抽象藝術與超現實藝術發展的一位重要推手。

　　這座居所在她過世後開放參觀，內部收藏200多件20世紀的繪畫與雕刻，包括立體派、未來派、超現實主義等現代藝術，為威尼斯城內收藏最豐富的現代藝術館。收藏品包括畢卡索的《海灘上》(On the Beach)及《詩人》(The Poet)、米羅《安靜的少婦》(Seated Woman)、瑪格利特(Magritte)的《光之帝國》(Empire of Light)、康丁斯基(Kandinsky)的《紅點景緻》(Landscape with Red Spot No.2)、波拉克(Pollock)的《月光女神》(The Moon Woman)，還有杜尚、夏卡爾、達利等人的作品。雕刻方面則有傑克梅第(Alberto Giacometti)的作品，像是《行進中的女人》(Woman Walking, 1932)。

庭園的角落(涼亭後面)，就是佩姬古根漢的安息地

這裡到學院美術館之間，是塊相當優雅的區域，也可找到一些藝術小店。其中包括優質的選品店，能買到樣式獨特的小品牌設計品。

週區環境優雅，可在此尋得靜得醉人的威尼斯風景

藝術貼近看

ART1. 瑪格利特(Magritte)，《光之帝國》(Empire of Light, 1954)

在強烈的對比色彩中，以簡單的路燈平衡了整幅畫。最令人感動的是這幅畫的筆觸所透露出的和諧感。簡單的物體：雲彩、樹、草地、燈，卻能散發出如此細膩的情感。

可能是畫裡那種永恆的幸福感吧，總讓人站在大畫布前，沉浸於畫中世界。

美術館／博物館

運河上最耀眼的豪宅建築

黃金屋法蘭克提美術館
Galleria Giorgio Franchetti alla Ca' d'Oro

✉ Cannaregio n.3932　📞 (041)520-0345　🕐 週一08:15～14:00，週二～六08:15～19:15，週日09:00～19:00　🚪 週一下午、1/1、5/1、12/25　💶 11歐元＋1.5歐元預訂費，另可購買短期展及Palazzo Grimani的聯票13歐元＋1.5歐元預訂費　🚌 1號水上巴士到Ca' d'Oro站　🌐 www.cadoro.org

位於大運河岸的豪宅黃金屋，為西元1422～1440年間威尼斯貴族孔塔里尼(Marion Contarini)所建。面向大運河的立面，以精緻的拱廊裝飾，全盛時期整棟建築貼滿金箔，成為運河上最耀眼的一棟宅邸，因此有著「黃金屋」之稱，與總督府並列為威尼斯城內最美麗的哥德式建築。

後來曾經換過幾次屋主，內部也經過多次整修。西元1864年俄國芭蕾女伶接手後，許多古蹟都被破壞掉了，1915年法蘭克提男爵(Franchetti)將它捐給威尼斯政府，才改為法蘭克提美術館，對外開放參觀。

這裡有豐富的15～18世紀義大利繪畫及威尼斯工藝品，內部的大理石雕飾部分，也相當值得參觀。藝術品分置在2、3樓，較著名的作品有卡帕奇歐的《天使報喜圖》(The Annunciation)、提香《鏡中的維納斯》以及喬吉歐聶、提托列多、范戴克(Anthony van Dyck)以及曼帖那(Mantegna)的《聖薩巴提諾》(St. Sebastian)。其中，曼帖那的繪畫清楚地繪出每個線條輪廓，總讓人覺得像是古代的雕刻品。畫家藉由《聖薩巴提諾》(St. Sebastian)這幅畫寫實地繪出殉道者想要摧毀偶像，讓真理重現的堅定信念。

黃金屋附近的奇蹟聖母院(Santa Maria dei Miracoli)

這座小教堂隱身於小水巷間，立面以磨光的多彩大理石裝飾而成，屬於早期的文藝復興建築。和諧的外表，共分為3層：最下層以彩色大理石拼成，大門上方為聖母與聖嬰的雕像，第二層同樣以彩色大理石拼成，並以半柱形拱門裝飾，第三層則為半圓形狀，有點像珠寶盒的蓋子，讓整座教堂的造型更加典雅可愛。

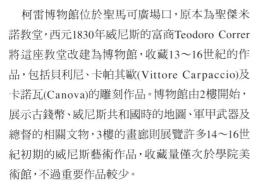

美術館/博物館

窺看威尼斯藝術發展歷程
柯雷博物館
Museo Correr

✉ Piazza S. Marco 52　☎ (041) 2405-211　🕐 冬季10:00～17:00/夏季，1/1及12/25特別開放日11:00～19:00
📅 1/1、12/25　💲 聖馬可群通行證20歐元起　🚇 聖馬可廣場上(入口在大教堂對面走廊的樓梯上去)
🌐 correr.visitmuve.it

柯雷博物館位於聖馬可廣場口，原本為聖傑米諾教堂，西元1830年威尼斯的富商Teodoro Correr將這座教堂改建為博物館，收藏13～16世紀的作品，包括貝利尼、卡帕其歐(Vittore Carpaccio)及卡諾瓦(Canova)的雕刻作品。博物館由2樓開始，展示古錢幣、威尼斯共和國時的地圖、軍甲武器及總督的相關文物，3樓的畫廊則展覽許多14～16世紀初期的威尼斯藝術作品，收藏量僅次於學院美術館，不過重要作品較少。

藝術品依照不同時期展出，可從中看出威尼斯藝術的發展過程。其中最著名的有卡帕奇歐的《帶紅帽的男子》(Gentiluomo dal Berretto Rosso, 1490)及《兩位威尼斯女子》(The Two Venetian Gentlewomen, 1507)。《兩位威尼斯女子》裡的人物幾乎占滿整幅畫，而且那細緻的化妝也盡表現在畫中，這在當時來講，是相當少見的畫法。

此外，這裡還有國立考古博物館、豐富古書收藏的圖書館Biblioteca Marciana。考古博物館內有豐富的浮雕錢幣、埃及與亞述人(Assyrian)的古文物，多為當年由中東、埃及、希臘掠奪而來的寶物。

教堂

完美的拜占庭建築典範
聖馬可大教堂
Basilica di San Marco

✉ San Marco 328, 30124　☎ (041)5225-205　🕐 11～6月大教堂09:45～16:45，週日14:00～16:15，聖馬可博物館、寶藏室、黃金祭壇09:45～16:45，週日14:00～16:30；7～10月大教堂09:45～16:45，週日14:00～16:45，聖馬可博物館、寶藏室、黃金祭壇09:45～17:00，週日14:00～17:00。鐘樓9月上旬08:30～18:15，9月下旬08:30～19:45，10/1～9為09:30～18:15，10/10～31為09:30～17:30，11～3月底09:30～16:45，4月09:00～16:45，5月～9/4為08:30～18:45　💲 教堂免費、聖馬可博物館5歐元、黃金祭壇2歐元、寶藏室3歐元、鐘樓8歐元　🚇 由火車站或羅馬廣場搭1、2、51號公船，1號公船約40分鐘，其他約20～30分鐘，步行約45分鐘　🌐 www.basilicasanmarco.it

聖馬可教堂的前身其實只是座小教堂，建於9世紀。相傳威尼斯商人在亞歷山大城發現威尼斯的守護聖人聖馬可的遺體，便將遺體藏在回教人不敢碰觸的豬肉中偷運回威尼斯，並改建這座小教堂來安放聖馬可的遺體。但西元976年的一場暴動，發生了火災，西元1071～1094年重建，目前看到的主建築架構，就是這個時期奠基的。

結合東西美學的圓頂設計

教堂上方的5座圓頂，設計靈感來自土耳其伊斯坦堡的聖索菲大教堂，完美結合了東西方美學，宛若一頂優雅的皇冠，點綴著威尼斯城，讓歸來的船隻，遠遠就可看到守護著家鄉的大教堂。

威尼斯城的象徵－金色飛獅　　入口拱門上的《最後的審判》鑲嵌畫

教堂正門也以5座拱門構成，陸續於17世紀完成。入口拱門上方5幅金碧輝煌的鑲嵌畫，描述著聖馬可的事蹟，分別是《從亞歷山大城偷渡回聖馬可遺體》、《遺體抵達威尼斯》、《最後的審判》、《聖馬可禮讚》、《聖馬可遺體安放入聖馬可教堂》這5個主題。正門上方豎立著聖馬可的雕像，下方則有隻象徵聖馬可及威尼斯城的金色飛獅。

富麗的拜占庭風格

教堂內部以5座圓頂主廳及2座迴廊前廳構成，形成希臘十字架構造。教堂內部從地板(12世紀作品)、牆壁、天花板，全都以精采的鑲嵌畫裝飾而成，畫作主題為12使徒的傳道事蹟、基督受難、基督與先知、聖人肖像等。

正門中央拱門上方還有4匹複

圖解聖馬可廣場群

鐘樓

總督府

柯雷博物館

圖書館及考古博物館

嘆息橋

聖馬可廣場　　時鐘塔　　聖馬可大教堂

所有的鑲嵌畫都細心的鋪上一層金箔，用以榮耀聖人與教堂，營造出富麗堂皇的天堂景象。這同時也是拜占庭風格的主要特色

製的青銅馬(真品收藏於教堂內)，這是西元前4世紀的古文物，霸道的威尼斯商人1204年時由君士坦丁堡掠奪回來，後來曾被另一位霸王拿破崙帶回巴黎，最後才又歸還給威尼斯。

此外，教堂內部還有個著名的黃金祭壇(Pala d'Oro)，高達1.4公尺，寬3.48公尺，鑲有2,000多顆耀眼的寶石，包括珍珠、紫水晶、祖母綠等。中央圓頂的天井畫，則是耶穌升天的巨大鑲嵌作品，由13世紀時威尼斯最傑出的工匠們共同完成。

威尼斯最高建築 ── 鐘樓

在聖馬可大教堂前高達98.5公尺的鐘樓(Campanile)，則是威尼斯最高的建築。雖然12世紀就已有鐘塔，不過目前所看到的樣貌是16世紀奠基，1902年坍塌過後又重新修建的。這座建築除了是教堂鐘樓，還有燈塔及瞭望台的作用。

教堂的右手邊還

由時鐘塔上眺望聖馬可廣場

有座時鐘塔 (Torre dell'Orologio)，建於15世紀，上面刻著一行很有意思的拉丁文：「我只計算快樂的時光」。

鐘塔由2個機械摩爾人拿著槌子敲鐘整點報時，這樣的機制在15世紀時，可是相當先進的科技，全球各地的科學家紛紛前來朝聖，因為時鐘不但會顯示時間，就連年、季節、月、日都可以精確的顯示出來。遊客可由導覽員(英文及義

鐘樓

大利文)帶領觀賞鐘塔內部構造與運作方式，並可爬到塔頂參觀最上面的摩爾人，最後還可爬上頂樓眺望整個威尼斯城與潟湖風光。

想上去參觀者須到柯雷博物館預約(請參見P.161，地點位於聖馬可廣場上，旅遊服務中心旁)，因為當鐘聲響起來，音量及震動會影響遊客的安全，所以需要在特定的時間才能入內參觀，講解內容有趣又具科學性，是相當推薦的威尼斯導覽行程。

推薦晚上到聖馬可廣場體驗浪漫的威尼斯之夜，幾家咖啡館的小樂團會輪番演奏

因黑死病而建造，獨特螺旋圓頂的八角建築
安康聖母大教堂
Basilica di Santa Maria della Salute

✉ Campo della Salute ☎ (041)522-5558 🕐 9:00～12:00，15:00～17:30，聖器室僅下午開放 🚻 做禮拜時
💲 免費，參觀聖器室4歐元 🚌 1號水上巴士到SALUTE站 🌐 basilicasalutevenezia.it

聖母與聖嬰的雕刻

西元1630～1631年間威尼斯爆發嚴重的黑死病，奪走了約1/3的人口。當黑死病終於平息後，威尼斯人建造了這座教堂，感謝聖母瑪利亞的保佑，並取名為「Salute」，也就是安康、感念之意。

共和國政府特地聘請年僅32歲的名建築師巴達薩雷隆傑那(Baldassare Longhena)設計。教堂於西元1687年才完成，他可說是畢其一生精力，全心

建造此教堂，果真建造出一座美麗的巴洛克建築，成為威尼斯城的地標之一。

建造時，也由於地基不穩而困難重重，後來終於以特殊的螺旋造型來支撐圓頂的重量，才解決這個問題。教堂成正八角形的大圓頂設計，讓內部空間感覺更為寬敞，圓頂周圍設置6座禮拜堂，並以提香、提托列多等人的作品裝飾。不過重要作品都收藏在聖器室中。

祭壇上的聖母聖嬰雕刻為Giusto Le Corte的作品，意味著聖母與聖嬰以他們的神力保護著威尼斯城。每年11月21日是聖母感恩節，威尼斯人手持蠟燭，由臨時搭建的浮橋涉水來到教堂祈福。

典藏提托列多18年共56幅精采創作
聖洛可大會堂
Scuola Grande di San Rocco

✉ San Polo, 3052 ☎ (041)5234-864 🕐 09:30～17:30(售票處17:00停止售票) 🚻 無 💲 10歐元，
優惠票8歐元 🚌 1號水上巴士到S.TOMA站 🌐 www.scuolagrandesanrocco.org

這是座專為放置聖人遺骨而建的聖堂。當威尼斯終於脫離了黑死病的威脅，威尼斯人將聖洛可的遺骨移置於此，以感謝聖人的保佑。聖人的遺骨也自1485年以來，一直埋葬在教堂主祭壇下。

西元1564年舉行的一場競圖中，提托列多因故退出比賽，但他的畫作卻深受賞識，因此聖洛可大會堂特請這位畫家每年畫3幅畫給他們，就這樣持續了18年的時間(西元1564～1588)，這座教堂內因而有了56幅大師的作品，包括《天使報喜圖》、《牧羊人的禮拜》、《光榮的聖洛可》、《出埃及記》等精采畫作。

萬神之殿，歷代總督與名人安息地
聖方濟會榮耀聖母大教堂
Basilica di Santa Maria Gloriosa dei Frari

✉ S. Polo, 3072　📞 (041)272-8618　🕐 週一～六09:00～18:00，週日13:00～18:00　🚫 週日早上　💲 3歐元　🚤 乘1號水上巴士在S.TOMA站下船
www.basilicadeifrari.it

教堂建於西元1236～1338年，歷代威尼斯總督及名人都埋葬於此，如提香、雕刻家安東尼卡諾瓦(Antonio Canova)等人，因此有著「威尼斯的萬神殿」之稱。這樣的名人殿堂當然有許多珍貴的藝術品，像是提香的《聖母和諸位聖人》，是首幅沒將聖母放在中央，並以相應的色彩架構起構圖平衡感的畫作。

藝術貼近看
ART1. 提香(Tiziano Vecellio)，《聖母升天圖》(L'Assunta , 1516～1518)

圖片提供／《西方美術簡史》

聖母位於中間，在天使的簇擁下升上天，上方是由兩位天使伴隨的上帝，地面上則是充滿驚喜的使徒們。提香巧妙地以自然寫實的方式描繪聖母升天的景象，又以褐色、朱色及鮮紅色色塊來統整起整幅畫。

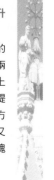

原建於9世紀的古老教堂
聖薩卡利亞教堂
Chiesa di San Zaccaria

✉ Castello, Campo San Zaccaria　📞 (041)522-1257　🕐 10:00～12:00，16:00～18:00　🚫 週日上午　💲 免費，參觀禮拜堂1歐元　🚤 乘1號水上巴士到S.ZACCARIA站，下船後由Savoia & Jolanda餐廳旁的小路進去，步行約2分鐘

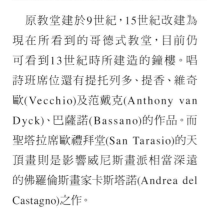

原教堂建於9世紀，15世紀改建為現在所看到的哥德式教堂，目前仍可看到13世紀時所建造的鐘樓。唱詩班席位還有提托列多、提香、維奇歐(Vecchio)及范戴克(Anthony van Dyck)、巴薩諾(Bassano)的作品。而聖塔拉席歐禮拜堂(San Tarasio)的天頂畫則是影響威尼斯畫派相當深遠的佛羅倫斯畫家卡斯塔諾(Andrea del Castagno)之作。

藝術貼近看
ART1. 喬凡尼貝利尼(Giovanni Bellini)，《聖母子與4位聖人》(Madonna Enthroned with Four Saints, 1505)

喬凡尼在這幅畫中以豐潤的色彩及光線，烘托出聖人們高貴的氣質，聖母子像也能自然散發出溫暖的氛圍。更可貴的是，還能明確表現出每位聖人獨特的個性，讓這幅畫更耐人尋味。

古遺跡、廣場

大運河上美麗的橋墩
高岸橋
Ponte di Rialto

✉ Ponte di Rialto　➡ 搭1號水上巴士到RIALTO站

威尼斯海上貿易剛起步時，航往埃及與東方的船隻，就是停靠在高岸橋這區，15世紀最盛期時，更躍升為全球最重要的貿易中心之一。當時的高岸橋，是大運河上唯一一座橋墩，最初為掀起式木造橋，西元1558～1591年間，才以大理石打造成目前所見的美麗橋墩，也成為當時最時髦的社交場所之一。

目前橋上為一家家小店鋪，也是遊客拍大運河的最佳地點。橋下則為蔬果市場(Mercato di Rialto)，再往前走還可看到16世紀所建的哥德迴廊式魚市場(Pescheria)，屋頂仍為優美的木雕樑柱。這週區的河畔有許多小酒館，義大利人喜歡在此曬太陽、喝杯餐前酒，享受水都的律動。

很推薦大家逛完這區，坐在河濱喝杯小酒

花神咖啡館Caffe Florian
文人騷客的最愛、歐洲第一家咖啡館

✉ Piazza San Marco　📞 (041)5205-641　🕐 09:30～24:00　💲 吧檯立飲3歐元起，廣場座位6.5歐元起
➡ 聖馬可廣場上　🌐 www.caffeflorian.com

西元1720年開業至今，曾經是海明威、拜倫，以及威尼斯文人騷客的最愛。除了香醇的咖啡，位於聖馬可廣場上的絕佳地點，也是咖啡館大受歡迎的原因之一。此外，這家店可是頂著歐洲第一家咖啡館的光環，因此許多遊客到威尼斯，總會到此朝聖，好好欣賞傳承近300年下來的木質雕畫咖啡館。

咖啡館有自己的樂團，尤其是夜間奏起優美的交響樂時，格外浪漫。也可來此享用豐盛的早餐，兩人套餐是以銀盤裝，包括水果、糕點、起司、火腿等。

威尼斯小酒館文化
威尼斯的小酒館稱為Bacaro，客人喜歡站在吧檯飲酒、享用下酒菜。下酒菜五花八門，與他城也略為不同，包括方便一口食用的Cicchetti，鋪著新鮮時材的烤麵包Crostini，還有炸海鮮Fritto misto ai frutti di mare、玉米糕Polenta也很常見。

★知名離島★

布拉諾島Burano及穆拉諾島Murano

這兩個島位於威尼斯的潟湖群島區，布拉諾因一排排色彩繽紛的可愛房舍，而成了遊客口中的彩虹島，穆拉諾島則以玻璃工藝聞名。

布拉諾的房子之所以如此繽紛，其實只是漁夫想船一靠岸，一眼就認出自己家。島上的婦女們擅長以巧手編織出美麗的蕾絲品。據傳這個手藝有個典故：有位漁夫不經意撈到白硬化的海藻及鹽晶形成的絢麗絲網，他把這美麗的網送給愛妻，妻子為了留住這份情意，便依其圖樣編成蕾絲，自此慢慢流傳下來。

穆拉諾玻璃興起於15世紀，18世紀時產量最大，直到被奧地利統治後，奧國為了銷售自家的波西米亞玻璃，刻意打壓威尼斯玻璃，造成當地玻璃工業日漸衰微。

由於玻璃藝術大量用火，為了本島居民的安全，所有玻璃工坊都遷至離島穆拉諾。島上有玻璃博物館和玻璃工坊，也有幾家小餐館，但環境較本島安靜許多。

童話世界般的布拉諾雷絲島

以玻璃工藝著稱的穆拉諾島

玻璃博物館 Museo del Vetro

✉Fondamenta Giustinian 8, Murano 📞(041)739-586 🕐冬季10:00～17:00，夏季10:00～18:00 ⓧ週二、12/25、1/1、5/1 💲10歐元，優惠票7.5歐元，持威尼斯博物館通行證免費 🌐museovetro.visitmuve.it ➡搭乘前往Murano島的公船(Vaporetto)41或42號，到Museo站下船

1861年設立的玻璃博物館，坐落在一座17世紀的老宅邸，這裡收藏了義大利各時期最重要的玻璃藝術品，以及玻璃吹製用具與發展過程，1～3世紀的羅馬時代藝術品，以及15世紀以後至今的重要作品。其中還包括玻璃製的大餐桌與18世紀各種玻璃製的生活用品、巴洛克風格的玻璃飾品等。看完室內展覽後，也別忘了逛逛戶外的美麗庭園。以玻璃藝術展來講，這裡可說是全球最重要的博物館。

★特輯★
藝術雙年展及週區散步

○ 每年5～11月　operaduomo.siena.it　$ 雙年展公園入口即可購票

威尼斯藝術雙年展、威尼斯建築雙年展

　　西元1895年威尼斯首次辦理國際藝術大展(International Art Exhibition of the City of Venice)，結果不但大舉成功，湧入20多萬人次參觀，更讓威尼斯城聲名大噪。因此，威尼斯市政府決定每2年辦一次藝術大展。

　　西元1930年後成立威尼斯雙年展(La Biennale di Venezia)常設組織，負責辦理建築、視覺雙年展、威尼斯影展及其他表演藝術節。西元1975年起開始將建築展涵蓋在藝術展中。

　　雙年展每屆都有不同的主題，邀請世界各國參展(包括台灣)，每個國家都使出渾身解數，為國爭光，因此每每有精采之作。展覽場地遍布威尼斯城，可依循地圖參觀各棟宅邸內的展覽，主展場則在城堡區的雙年展公園(Giardini della Biennale)、舊造船廠(Arsenale)。

　　許多參觀者都是由世界各地專程來看展的，看著大家拿著地圖，參觀一個個精采又發人省思的展覽，好令人感動(尤其是看到一群長者認真的觀展、討論時)。更有趣的是，參觀者可以在雙年展期

除了室內展覽外，許多廣場或建築立面也有不同的開放式展覽，讓各國藝術家自由展現自己的訴求

間進入一些平常不開放的私人宅邸，參觀建築及作品；有時不經意走過的小公園、廣場一角也會發現參展品。這場藝術展，把整座城市都變成了藝術藏寶地。

　　除了廣為人知的藝術及建築展外，每年5～10月還有當代舞蹈最重要的表演舞台——國際當代舞蹈節，讓全球各地的舞蹈新秀，在此舞出最前衛、創新的作品。

除了主展場外，城內各處的宅邸也成了各國的獨立藝術展場，台灣展場一般都在總督府旁

坐落在綠園中的Biennale Giardini展覽館

雙年展公園週區步旅

雙年展公園、造船廠這區是雙年展的主展場區域，雖然在非展覽期間，這裡不是一般遊客會來的地方，但這一區其實很值得慢慢走逛，有空的話不妨前來。

1 下船後往公園方向走，首先會看到漂浮在岸邊的青銅雕像，這是1961年藝術家奧古斯都·姆爾(Augusto Murer)所設計，藉以紀念1944年時被納粹處決的婦女。而底座的部分則為偉大的建築師卡洛·斯卡帕(Carlo Scarpa)所設計，讓雕像在這潮起潮落的海水間，忽隱忽現地警示世人。

2 接著可往公園後面的住宅區走，這是安靜的小生活圈，仍可看到不那麼觀光化的威尼斯日常生活。

3 繼續往聖愛蓮娜區(S. Elena)走，更為安靜了，公園裡盡是坐在這裡享受陽光、閱讀的人們，完全可躲開聖馬可廣場的喧囂。有時間的話，還可以步行約15分鐘到威尼斯獨特的沉船書店(Libreria Acqua Alta，地址：Calle Longa S. Maria Formosa, 5176/b, 30122 Castello, Venezia)。

建築之間的這些拉線是曬衣繩，透過輪軸裝置，可輕鬆收曬衣服，令人見識到義大利人的生活智慧

哲學家般的建築師卡洛·斯卡帕(Carlo Scarpa，1906～1978)

來到威尼斯，就該認識一下這位建築界的光影魔術師。卡洛·斯卡帕曾任威尼斯建築大學的校長，在當地留下許多作品。他總能運用自然光影，創造出詩歌般的流動空間。例如在茱麗葉的故鄉維諾那，他為14世紀城堡再生計畫所打造的古堡美術館(Museo di Castelvecchio)，以大理石及金屬打造的空間，和諧地融入原本的建築環境中，並善用細節設計，呈現舒心又獨特的空間感。

內部的設計更是巧妙，展品擺置特別以光為引導線，帶領觀者在自然的移疊中，從不同的角度欣賞各尊樸質的古老雕刻作品，尤其是當你看到空橋上的騎馬雕像時，更會為之驚艷。整座博物館逛下來，彷彿聽了一首動人的詩歌，隨處是新與舊的對話。

維諾那古堡美術館Museo di Castelvecchio

地址：Corso Castelvecchio 2, Verona
電話：(045)8062611
時間：週一13:30～19:30，週二～日08:30～19:30
費用：6歐元，10～5月每個月的第一個週日1歐元
網址：museodicastelvecchio.comune.verona.it

威尼斯購物街區

精品街

在義大利購物最有趣的，還是逛一家又一家的獨立店鋪，每個品牌都會用心地尋找符合自己品牌特色的場域，並用心布置出自己的特色。

威尼斯的精品街位於大教堂對面的拱門出去這區，Calle Larga XXII Marzo街一路都是最頂級的品牌，如Channel、Dior、Dolce & Gabbana、Prada等；由高岸橋到聖馬可廣場這區也可找到許多中價位品牌，如Stefanel、Max Mara、Benetton等。

威尼斯老宅改建的Dolce & Gabbana 精品店

高岸橋往聖馬可廣場方面多為中價位品牌店鋪

由聖馬可大教堂對面的拱門走出去，沿路精品林立

T廣場購物中心

✉ Fondaco dei Tedeschi, Calle del Fontego dei Tedeschi, Ponte di Rialto
🕙 10:00～20:00
🌐 www.dfs.com/en/venice

隸屬於LVMH集團的免稅精品店 Duty Free Shop(DFS)首度進駐歐洲，選擇在威尼斯的德國商館老宅，開立第一家歐洲旗艦店T廣場(T Fondaco)。雖然是現代化的購物中心，卻仍保留古色古香的老宅特色，讓遊客在古老優雅的井邊，享用米其林餐點。

購物商場1樓大廳的餐飲區，特別請來全球最年輕的米其林三星主廚Massimiliano Alajmo 所屬的餐飲集團在此開設了AMO餐廳，獨特的用餐環境，還是出自法國設計師Philippe Starck 之手。若想簡單用餐，可到B1咖啡館。

商品方面也網羅了各大國際精品，除了購物外，也可預約到頂樓欣賞水都風光，不收費但需先上網或到購物中心的服務台登記。

享受在古宅中購物的獨特經驗

義
大
利
必
看
景
點
與
畫
作

羅馬及梵蒂岡城‧佛羅倫斯‧威尼斯‧米蘭

威尼斯特色商品

以桃子汁與氣
泡酒Prosecco
調成的貝利尼
雞尾酒

皮編鞋

Poli是1898年開設的酒莊，
以生產高品質的義式白蘭地
grappa聞名

1. 特有的華麗織繡商品　2.過去威尼斯人習慣將葡萄酒放在鐘塔陰影下，以避免桶裝
酒走味，後來當地人就以「陰涼處」(Ombra)稱呼白葡萄酒　3.4.聖馬可廣場週區的小店
也可買到威尼斯玻璃製手錶、飾品、玻璃杯　5.蕾絲書籤及手帕、童裝　6.鐵鑄門鈴、門把
7.威尼斯老香水店The Merchant of Venice，以其精美的玻璃香水瓶聞名

玩家帶路 —— 購物之城維諾那Verona

以茱麗葉的故鄉聞名的維諾那，雖然許多
景點是精明的Veneto省分的商人推銷出來
的，但維諾那人的美感，也著實令人佩服，
尤其是城內各棟老建築的優雅陽台、適宜
點綴其間的植栽花卉，真是浪漫迷人。
維諾那人也將美感運用到商品設計上，城
內可找到許多當地的獨創品牌，尤其推薦
A.S.98皮件店(地址：Via Quattro Spade
3C, Verona)及xetra服飾店(地址：Via
Quattro Spade, 2)。

1.xetra的服飾都是自己一群設計師繪製出來
的，因此樣式與其他商店與較為不同　2.在
維諾那市區逛街是件賞心悅目的事，老陽台
尤其優雅　3.充滿藝術感的地毯設計　4.當地
皮製設計品牌A.S.98，皮質好且樣式特別

時尚之都，古典表現 ──
米蘭Milano

米蘭為全球知名的時尚之都，除了許多垂手可得的時裝設計、工業設計之外，這裡最著名的藝術作品當屬達文西《最後的晚餐》；而以粉白色大理石打造的米蘭大教堂，其細膩的哥德藝術，更是令人驚豔。此外，米蘭城內還有多處美術館，像是知名的史豐哲博物館、安勃西安那美術館、布雷拉美術館，也收藏豐富的古典藝術畫作，而現代美術館、三年展覽館，則不定期展出全球現代藝術家、設計師、建築師的精采作品。

運河區藝術節

人文主義下的珍貴遺產

米蘭古代原為高盧人的據點，由羅馬帝國統治後，逐漸成為次於羅馬的大城。西元1277年Visconti家族統治後，版圖急速擴張，成為北義的霸主。米蘭主教堂也是在這個時期開始建造的。1477年最後一任公爵過世後，沒有留下男繼承人，米蘭因此改為共和國，直到1450年才任命Visconti家族的將軍女婿Francesco Sforza為米蘭公爵。在他治理下，米蘭迅速發展，並開始興建史豐哲城堡、大醫院，聘請人文主義學者到米蘭講學，興辦繪畫學院。法蘭切斯可過世後，政權輾轉到攝政王Lodovico Sforza手中，在這位攝政王的帶領下，米蘭的文明、政權更達顛

米蘭通行證Milano Card
網　　址：www.milanocard.it
費　　用：24小時票8歐元，2天票14歐元，3天票19歐元
使用範圍：可免費搭乘市內公車、電車、地鐵，免費參觀1座博物館、美術館，其他則可享優惠。
購買地點：可上網預訂在機場或火車站領取或在米蘭旅遊服務中心(Azienda Di Promozione Turistica Del Milanese)購
　　　　　買，地點共有兩處。
　　　　　1.主教堂服務中心：
　　　　　　地址：Galleria Vittorio Emanuele II (往史卡拉歌劇院的門邊)
　　　　　2.中央火車站：
　　　　　　地址：Stazione Centrale Galleria Partenze(2樓，13、14號火車月台前)

峰。在他迎娶年僅14歲的Beatrica d'Este之後，史豐哲城
堡成為全歐最著名的歡樂宮，此時，達文西、布拉曼德等
著名藝術家、建築師紛紛投靠米蘭，為米蘭城留下許多珍
貴的遺產。

旅遊路線規畫

Day 1 米蘭大教堂、艾曼紐二世走廊、史卡拉歌劇院、
布雷拉美術館、運河區

Day 2 追尋達文西遊逛米蘭：最後的晚餐、史豐哲城
堡、安勃西安那美術館、達文西科技博物館、聖
安勃吉歐教堂

Day 3 現代設計藝術遊逛路線：三年展設計館、米蘭墓
園、Prada基金會、Corso Como 設計街區、黃金
四邊角、布宜諾艾利斯大道

艾曼紐二世走廊

米蘭藝術景點地圖

豐富的文藝復興及巴洛克風格作品

布雷拉美術館
Pinacoteca di Brera

✉ Via Brera 28　☎ (02)7226-3264　🕐 週二～日08:30～19:15　🚫 週一、1/1、12/25　💲10歐元，優惠票7歐元，語音導覽5歐元　🚇 地鐵2線至Lanza站 或3線至Montenapoleone站，步行約7分鐘；或搭61號公車、1號電車　🌐 pinacotecabrera.org

布雷拉美術館可說是米蘭最重要的藝術中心，收藏豐富的義大利文藝復興與巴洛克風格作品，以及20世紀的義大利現代藝術。

建築本身原為13世紀的布雷拉聖母教堂，西元1776年在此設立布雷拉美術學院，並開始收藏藝術品。拿破崙統治米蘭時，認為米蘭是與巴黎等同地位的歐洲大城市，本身應該要有自己的藝術收藏館，因此將之改為美術館，中庭的雕像即為卡諾瓦(Canova)為拿破崙所打造的。這是西元1809年的新古典主義作品，右手意喻著勝利，左手則是代表權力的權杖。庭院中的其他雕像多為藝術家及科學家的雕像。

西元1799～1815年間，館內的藝術收藏大幅增加，米蘭城內許多教堂與修道院的收藏都移到此，其中包括從各建築物取下來的壁畫作品，並於西

元1809年正式成立布雷拉美術館。雖然後來拿破崙垮台之後，很多藝術品又歸回原主，但布雷拉為米蘭藝術中心的地位，卻不曾動搖過。

《聖馬可奇蹟系列：發現聖馬可遺體》

重現義大利藝術發展歷史

館內藝術收藏陳列在2樓，依時間順序展覽，共分為38間展覽室。看完館內的所有展覽，也可完整了解義大利藝術發展史。

館內珍貴的作品包括曼帖那(Mantegna)的《哀悼死去的耶穌》(Christo Morto)(第7室)及貝利尼的《聖母與聖嬰》(Madonna col Bambino)與《聖殤》(Pieta)(第6室)、維諾聶斯的《西門家的晚餐》(Cena in casa di Simone)、及提托列多的《聖馬可奇蹟系列：發現聖馬可遺體》(The Discovery of St Mark's Body)(第9室)、拉斐爾的《聖母瑪利亞的婚禮》(Sposalizio della Vergine)(第24室)、卡拉瓦喬的《在以馬忤斯的晚餐》(Cena in Emmaus)(第28室)。此外還有范戴克、魯本斯、林布蘭(第31室)，以及近年來市民捐贈的現代藝術，像是畢卡索的作品。

《在以馬忤斯的晚餐》

藝術貼近看

ART1. 曼帖那(Mantegna)，《哀悼死去的耶穌》(Christo Morto, 1490)

圖片提供／《西洋美術小史》

曼帖那最擅長如雕刻般的繪畫，而這幅畫正是運用透視法創作的完美之作。畫家捨棄繪畫必須要藉由背景才能營造出空間感的法則，而單以耶穌的身體比例，將空間完美呈現出來。另外，在他的減法法則中，就運用色，畫家都想要以最少的色彩，呈現出所有物體的線條與層次感。在這幅畫中，曼帖那只選用青紫色，但肌肉、被單的豐富性卻絲毫不減。在當時那個繪畫與雕刻藝術對立的年代，畫家似乎透過這幅畫告訴大家，無論是哪一種素材，都可以表現出完美的藝術。

ART2. 拉斐爾(Raphael)，《聖母瑪利亞的婚禮》(Sposalizio della Vergine, 1504)

這幅畫是拉斐爾21歲時的作品，描繪出聖母接受聖約瑟戒指的訂婚場景，從這幅畫可以看出拉斐爾不但學到了老師佩魯吉諾(Pietro Perugino)的優點，還以和諧的構圖、背景的描繪與人物神態的塑造，讓世人看到了他青出於藍的繪畫天分。

圖片提供／《藝術裡的地獄天堂》

拉斐爾筆下的人物，總是充滿了溫雅的氣質，聖母的姿態，自然地流露出新人的羞怯感。背景的八角形建築與街道，鋪陳出這幅畫的空間。而主建築兩旁向外展開來的林野與天空，巧妙地營造出和諧寂靜的氛圍。用色方面則以拉斐爾偏愛的金褐色調為主，其他顏色都帶點藍色調，因此畫中雖有不同的顏色點綴其間，但又不顯突兀。

Art3. 卡拉瓦喬(Caravaggio)，《在以馬忤斯的晚餐》(Supper at Emmaus, 1605-1606)

這幅畫主要描繪聖經〈路加福音〉中的故事，門徒專注地聽懂了耶穌的講道，卻還沒認識主，直到耶穌將餅分給大家時，這才認出主來，接著祂就在大家眼前消失了。

卡拉瓦喬這幅畫與收藏在倫敦國家美術館的第一版畫作比較起來，更為純熟，就連老夫婦的身體都幾乎消融在黑暗中，讓觀者全然專注在人物的表情上。

逛區順購

由史卡拉歌劇院旁的Via G. Verdi 街直走為 Via Brera，這是米蘭相當有特色的街道，街上有許多個性服飾店、古著店及香水鋪；繼續往前走即可來到布雷拉美術館及美術學院，看到Bar Brera左轉到Via Fiori Chiari，這條街上同樣可逛到許多米蘭才找得到的小店、時尚餐廳。這區也是體驗米蘭餐前酒文化的好地方，入夜還可看到塔羅牌攤位。

Via Brera街上有多家個性小舖，如古著店、香水鋪、選品店等

Via Fiori Chiari這一帶是米蘭最有氣質的街區

★特輯★

追尋達文西

達文西由佛羅倫斯來到米蘭後,受到米蘭公爵重用,城內的工程建設、運河規畫,甚至連公爵的婚禮都由他籌備。在米蘭,除了他最著名的《最後的晚餐》外,還有其他作品值得參觀,讓我們透過達文西遊逛米蘭城!

Stop 1

感恩聖母教堂 Chiesa di Santa Maria delle Grazie
以《最後的晚餐》聞名於世

✉ Piazza Santa Maria delle Grazie 2 ☎ (02)9280-0360 ◎ 教堂07:00～12:00、15:30～19:30,假日07:30～12:30、16:00～21:00,最後的晚餐週二～日,08:15～18:45 休 週一 $ 最後的晚餐10歐元＋2歐元預訂費,導覽團每人3.5歐元(英文導覽時間09:30、15:30,義大利文導覽時間10:00～16:00);教堂免費參觀,不需先預約 🚇 地鐵2線Cadorna站或地鐵1線Conciliazione站,或搭16號電車在Corso Magenta-Santa Maria delle Grazie站下車 🌐 legraziemilano.it

建於西元1466～1490年的感恩聖母教堂,位於米蘭中心一處幽靜的區域。它的建築風格原為倫巴底哥德式風格,不過後來又將中殿改為經典的文藝復興風格。建築內部裝飾簡單,整體風格溫謙樸實。此外,教堂內部的修道院及聖器收藏室,有一些古物,有時間者也可入內參觀。

感恩聖母教堂內部

玩家小叮嚀一預約注意事項
想要參觀《最後的晚餐》必須事先預約(旺季最好提前預約),由導覽員帶領參觀(約15分鐘)。如果沒有事先預約,也可當天到場碰碰運氣,或許剛好有人取消預約,或仍有預約的餘額。(《最後的晚餐》介紹見P.88)

順遊景點
米蘭小西斯汀禮拜堂一聖毛里齊奧教堂 Church of San Maurizio al Monastero Maggiore
地址:Corso Magenta 15
時間:週二～日09:30～19:30
價錢:免費
前往方式:由史豐哲城堡前的Cairoli Castello地鐵站步行約6分鐘
網址:www.chiesadimilano.it

聖毛里齊奧教堂這座外觀看來毫不起眼的16世紀教堂,內部有著古色古香的唱詩班座席、華麗的管風琴,祭壇後方及修道院修女廳則是繪製著滿牆聖經故事的燦麗濕壁畫,令人驚艷不已。這裡的作品多為Luini父子及Campi、Peterzano所繪,也有一幅《最後的晚餐》複製畫。附屬於米蘭最重要的女修道院Monastero Maggiore,這座美麗教堂10～6月的週日仍會舉行傳統拜占庭式禮拜,修道院現為考古博物館,也很值得參觀。

② Stop 史豐哲城堡博物館 Castello Sforzesco

原軍事要塞，現為10座博物館的集結

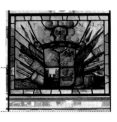

Piazza Castello (02)8846-3700 ⊙週二～日，09:00～17:30 週一、1/1、5/1、12/25 $5歐元，3天有效博物館通行券Tourist Museum Card 12歐元，每週二14:00後與週三～日16:30後免費入場 地鐵1線至Cairoli站，步行約3分鐘 www.milanocastello.it

西元1368年米蘭領主Visconti在此建造一座軍事要塞，以防威尼斯人入侵。西元1451～1466年間，Francesco Sforza將之擴建為城堡，由布拉曼負責設計主體，達文西規劃城堡的防禦工程。

Lodovico Sforza當政期間，為米蘭最盛期，堡內聚集當時最棒的文學家、哲學家、音樂家、藝術家，就連達文西都曾在此居住很長的一段時間，專心研究他自己有興趣的領域。當時的史豐哲城堡也在年輕女主人的帶領下，成了全歐最著名的歡樂宮，曾在此舉辦過無數次奢華的宴會。

館藏各時期的古代藝術

堡內館藏豐富，分為10座博物館，包括古代藝術、古董家具與藝術、應用工藝、考古博物館等，收藏包括米開朗基羅、柯雷吉歐(Correggio)、提香、貝利尼等大師的重要作品。

古代藝術館(Museo d'Arte Antica)收藏豐富的古文物及雕刻。各座博物

家具博物館內的骨董家具

館中，最著名的兩件作品為米開朗基羅未完成的《隆達尼尼的聖殤》(Pieta Rondinini)雕像，以及達文西所裝飾的Sala delle Asse室。

2樓部分(Ducal Courtyard爵苑博物館區)首先會看到古董家具收藏，接著是15～18世紀的藝術作品，包括曼帖那的《聖母與聖人們》(Madonna in Glory with Saints)、喬凡尼貝利尼的《聖母與聖嬰》(Madonna and Child)、利比的《謙卑的聖母》(Madonna of Humility)，及第24及25室提托列多與柯雷多的肖像畫。

畫廊內收藏許多北義藝術家的作品

蒐羅工匠藝品與樂器

由爵苑博物館區爬上樓梯可來到Rocchetta區，參觀2樓及3樓的應用藝術與樂器博物館。圓形塔樓大廳為應用工藝博物館，展出各種米蘭工匠打造的珍貴藝品，舉凡青銅器、陶瓷、象牙、金銀飾品及服飾等。交誼廳的部分則可欣賞到Vigevano工藝師所完成的大掛毯，以及17～19世紀的盔甲、武器。

接著是樂器博物館(Museo degli Strumenti Musicale)，主要為卡利尼(Gallini)收藏的600多件樂器及樂譜。包括Mango Longo的10弦吉他、16世紀的威尼斯古鋼琴及相當罕見的玻璃口琴，另外還有一些歐洲地區以外的樂器收藏，以及西元2000年時Antonio Monzino基金會捐贈的樂器。

3樓的應用工藝館大部分為4～18世紀的倫巴底工藝品，包括各種精緻的陶瓷、玻璃藝品及古董家具。

久遠時代的考古文物

圓形塔樓地下室展示豐富的考古文物，收藏量之大，還細分為史前館及埃及館，可在這裡看到石棺、木乃伊、陪葬品、雕刻等。此外，城堡內還有許多米蘭收藏家所捐贈的印刷品、歷史文件、工藝品及現代藝術品。

骨董家具展

玩家帶路 —— 義大利當代戲劇哪裡看？
位於史豐哲城堡附近的米蘭小劇院Piccolo Teatro di Milano，為米蘭戲劇藝術表演重地及戲劇學校。內部共有三座劇場，分別是以創辦人命名的Grassi劇院，為紀念知名導演命名的Strehler劇院，以及有趣的實驗劇院Teatro Studio。

藝術貼近看

ART1. 米開朗基羅(Michelangelo)，《隆達尼尼的聖殤》，(Pieta Rondinini, 1564)

這座雕像早在西元1553年就開始創作了，但後來一直被擱置在一旁，直到米開朗基羅89歲過世前一年，才又開始雕刻，並賦予這項作品新的創作靈魂。

我們可以從聖母抱著已逝的耶穌遺體看到，這尊石像的線條交叉點位於耶穌的生殖器，這似乎象徵著充滿愛的耶穌聖體，回歸自然之石，從而回流到聖母之體，就好像倒轉了分娩的整個過程。

此外，從這座雕像的迴旋狀構圖方式，似乎也有了矯飾風格的影子。

ART2. 達文西(Leonardo Da Vinci)，《阿塞廳》，(Sala delle Asse, 1498)

達文西以室內的梁柱為主幹，繪出錯綜複雜的森林，仔細觀察每個紋路的描繪，就可看出大師的科學精神。而當我們抬頭往上看時，彷彿置身在茂密的叢林中，心靈深處不禁泛起波波漣漪。

這些作品是最近1、2個世紀才發現，目前只能看到部分原貌。

達文西的《阿塞廳》牆壁與天花板繪畫

米開朗基羅未完成的《隆達尼尼的聖殤》

③ Stop 安勃西安那美術館 Pinacoteca Ambrosiana

收藏達文西《音樂家》及亞特蘭大抄本手稿

✉ Piazza Pio XI 2　☎ (02)806-921　🕐 週二～日10:00～18:00，圖書館週一～五09:30～17:00　✖ 週一、1/1、復活節、12/25　💲 全票15歐元，優惠票13歐元
➡ 地鐵1/3線至Duomo站，由Via Torino出口出來，步行約5分鐘　🌐 www.leonardo-ambrosiana.it 及 www.ambrosiana.eu

1樓圖書館

　　米蘭古老的安勃西安那美術館，內有一座成立於西元1609年的老圖書館。館內藏書達75萬冊，其中包括但丁的神曲、佩脫拉克與達文西的亞特蘭大抄本手稿與素描，為義大利境內最重要的圖書館之一。

　　2樓為美術展覽館，創立於西元1618年，共有250幅收藏，主要是15～17世紀的北義藝術品。自創立至今，不斷有新的收藏品加入，其中包括卡拉瓦喬的《水果籃》(Canestra di Frutta)(第6室)、達文西的《音樂家》(Ritratto di Musico)(第2室)及拉斐爾的《雅典學院》(La Scuola di Atene)大幅草稿(第5室)，雖然只是草稿，但站在整面牆的草稿前，可細循畫家構思的脈絡。此外這裡還可看到喬吉歐、提香、波提切利等知名畫家的作品。

藝術貼近看

ART1. 卡拉瓦喬(Caravaggio)，《水果籃》(la Canestra di frutta, 1594)

　　一籃放滿成熟夏季水果的籃子，危險地置放在桌子邊緣，鮮紅的蘋果上卻可看到蟲啃過的小洞，畫家想透過這幅看似普通的靜物畫，告訴世人所有成熟之物皆有腐朽之時。

(取自wikimedia)

④ Stop 達文西科技博物館 Museo della Scienza e della Tecnologia Leonardo da Vinci

充滿科技奇想，長達6公里的展覽館

✉ Via S. Vittore 21　☎ (02)485-551，預約導覽團(899-000-900)　🕐 週二～五09:30～17:00／週六～日09:30～18:30　✖ 週一、1/1、12/24、12/25　💲 10歐元，優惠價7.50歐元　➡ 地鐵2線至S. Ambrogio站，步行約3分鐘　🌐 www.museoscienza.org

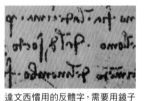

達文西慣用的反體字，需要用鏡子才看得懂文字內容，這樣可以避免他的新發明被人盜用或者被教會禁止

　　16世紀修道院改成的科技博物館，在6公里長的展覽館中，依照達文西的設計手稿，打造出他所發明的各種機器模型，包括讓人飛上天的飛行器、投石器、水鐘等。此外還包括鐵路館、航空航海館，在這裡就可詳細了解古今中外的交通、機械、工業、電器、光學科技史、樂器。

　　館內還有一些實驗室，教導市民做一些有趣的實驗，讓博物館充滿活絡的探索氣息，假日也總是擠滿好奇的小朋友。這裡的紀念品店販售一些小發明品，可以過來挖寶喔。

美術館／博物館

豪宅博物館，本身就是藝術巨作
巴伽迪瓦賽奇博物館
Museo Bagatti Valsecchi

✉ Via Gesu' 5 ☎ (02)7600-6132 ⏰ 週二～日，13:00～17:45 🚫 週一 💲 9歐元(週三6歐元)，優惠價6歐元 🚇 地鐵3線至Montenapoleone站或搭1號電車到Via Manzoni站，往Montenapoleone街，左轉Via Gesu，步行約3分鐘 🌐 www.museobagattivalsecchi.org

位於米蘭精品街區內的19世紀豪宅博物館，除了博物館的館藏之外，整座建築與內部裝潢本身，就是這座博物館最主要的館藏。

19世紀時，Fausto與Giuseppe Bagatti Valsecchi這兩位兄弟秉著復興文藝復興藝術的理念，致力於找尋14、15世紀的藝術品，因此他們大量以這個時期的古物、家具、藝術品來裝飾他們的宅邸。而當時要找到這個時期的東西，已經是相當困難，所以即使他們找到的是殘破的古物，也盡心地將之修復。在他們搜尋到的寶物中，包括喬凡尼貝利尼的作品、16世紀的古床等。而米蘭地區也在他們的帶領下，掀起了一股新文藝復興風潮。

喬凡尼貝利尼，《波羅美的聖茱斯提娜》(Saint Giustina de' Borromei)

美術館／博物館

狂熱藝術收藏者的珍貴私藏
波蒂佩州里博物館
Museo Poldi Pezzoli

✉ Via Manzoni 12 ☎ (02)796-334 ⏰ 10:00～18:00 🚫 週二 💲 10歐元，優惠價7歐元 🚇 地鐵3線至Montenapoleone站，往史卡拉歌劇院方向步行約5分鐘 🌐 www.museopoldipezzoli.it

Poldi Pezzoli是位19世紀的貴族及瘋狂藝術收藏家，西元1879年過世後，將所有收藏捐出並闢為博物館。主要收藏品為文藝復興時期的藝術作品，以及中世紀珠寶、掛毯畫、玻璃藝品及古董。

1樓有圖書館、蕾絲織品、14～18世紀的武器盔甲及16世紀的地毯畫。2樓共有300多幅文藝復興時期作品，大部分出自倫巴底地區藝術家之手。最受矚目的畫作包括波提切利的《聖母》、曼帖那的《聖母與聖嬰》，不過最具代表性的應該是佛羅倫斯畫家波拉宜歐洛(Piero del Pollaiolo)的《少婦像》(Portrait of a Woman)。

藝術貼近看

ART1. 波拉宜歐洛(Piero del Pollaiolo)，《少婦像》(Portrait of a Woman,1470)

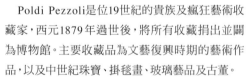

畫中的這位少婦是佛羅倫斯的銀行家Giovanni de' Bardi之妻。畫家巧妙地將光線反射畫在頭髮、珍珠項鍊、甚至是肌膚上，描繪出晶透感。再者，珍貴的黑白相間珍珠項鍊、袖子上繁複的織繡及髮型，將這位女士的身價，高雅而自然地展現出來。

義大利必看景點與畫作

羅馬及梵蒂岡城‧佛羅倫斯‧威尼斯‧米蘭

★特輯★

遊逛米蘭現代設計藝術

時尚之都米蘭一向以設計著稱，各家店的櫥窗設計及架上的商品，都讓人覺得在街上購物就像逛開放式的設計博物館。而米蘭也是義大利這古老的國度中，最為現代化的城市，城內可找到多處精采的現代藝術展覽館、設計中心，或是新潮建築物。

Stop 1
三年展設計館 La Triennale di Milano
米蘭最前衛的藝術展覽空間

🔲 Viale Alemagna 6, Palazzo dell' Arte 📞(02)724-341 ⏰週二～日，10:30～20:30(週四到23:00) 🚫週一 💲12歐元，另可購買與羅馬MAXXI的聯票15歐元 🚇地鐵1線至Cadorna Triennale站，或搭公車61號到Triennale站下車 🌐www.triennale.it

城堡後面廣大的綠園區內，坐落著米蘭最前衛的設計展覽中心Palazzo dell' Arte，於1960年代起，以各國社會經濟問題為主題策展。

西元1999年轉為基金會後，以工業設計及家具產品設計為基礎，進而擔任現代設計與裝飾藝術推廣的角色，常展出國際級視覺藝術、建築、城鎮規畫、服裝設計、工業設計等展覽，並舉辦設計師交流活動。咖啡館內放置著設計大師的作品，可在玻璃屋裡用餐，欣賞綠園景致。

Stop 2
米蘭現代美術館 Museo dell'Ottocento / Galleria d' Arte Moderna Milano
收藏19世紀後藝術品

🔲 Via Palestro 16 📞(02)8844-5947 ⏰週二～日，09:00～17:30 🚫週一、1/1、復活節、5/1、12/25 💲5歐元 🚇地鐵1線至Palestro站，步行3分鐘 🌐www.gam-milano.com

這座新古典風格的皇家別墅(Villa Reale)建於西元1790～1796年，西元1921轉為現代美術館，2004年改名為19世紀博物館。館藏完整展出19世紀以來的藝術轉變，由米蘭的新古典主義、義大利的浪漫主義、學院派、到受法國影響的印象派、現實主義及分裂主義等。

位於皇家別墅旁的白色現代建築，為米蘭著名的當代美術館(PAC, Padiglione d'Arte Comtemporanea)，不定期展出國際著名的當代藝術，包括許多前衛又具啟發性的藝術展及攝影展。

也推薦到後面的公園走走，欣賞這棟坐落在綠地上的白色新古典建築。

③ Prada當代藝術館暨基金會
Fondazione Prada
由酒廠轉型為複合式展覽中心

✉Largo Isarco 2 ☎(02)5666-2611 🕐週一、三、四10:00～19:00，週五、六、日10:00～20:00 💲10歐元，18歲以下、65 歲以上免費參觀 ➡地鐵M3線到Lodi T.I.B.B.站，P.le Lodi / V.le Isonzo出口，由主教堂搭地鐵約15分鐘車程 🌐www.fondazioneprada.org

Prada特別聘請建築大師雷姆・庫哈斯(Rem Koolhaas)，將米蘭市區南緣廢棄的酒廠改為複合式展覽中心，在原本的倉庫、釀造廠、實驗室、塔樓裡，展出基金會所收藏的當代藝術品及來自全球各地的當代藝術展，策展主題豐富精采。此外，場內還設有電影院及導演魏斯・安德森(Wes Anderson)所設計的復古咖啡館。此外，艾曼紐二世大道的Osservatorio觀景台，以及威尼斯大運河畔一棟18世紀宅邸(住址：Calle Corner 2215, Venezia)，也可看到Prada基金會策畫的當代藝術展。

④ 垂直森林大樓 Bosco Verticale
綠意盎然城市生活

✉Via Gaetano de Castillia 位於Garibaldi火車站 / 地鐵站前 ➡位於Garibaldi火車站 / 地鐵站前

Porta Garibaldi火車站旁與Corso Como之間的新建築群

米蘭市區除了主流購物區大教堂週邊及貴氣的黃金四邊角、街頭文化鮮明的運河區外，還有優雅的布雷拉街區，由Corso Garibaldi 和Corso Como，一直延伸到Porta Garibaldi火車站旁，嶄新的Porta Nuova新綠色生活設計區。

Porta Garibaldi火車站旁的新建築群，經過十多年規畫，終於以全新樣貌加入米蘭地景。最引人注目的是垂直森林大樓，陽台上種植了900棵樹、2,000多株花木，創造出等同於7,000平方公尺的森林，淨化空氣、吸收二氧化碳。

23管小喇叭組成的公共藝術品《蛋》

建築群中間是簡潔的Piazza Gae Aulenti廣場，放置著藝術家阿爾伯托・加魯蒂(Alberto Garutti)的有趣設計《蛋》(EGG)。這件作品以23根穿越4層樓的銅管小喇叭串起，將耳朵貼近喇叭，即可聽見各樓層的聲響；藝術家希望大家能放慢腳步，靜心傾聽周遭生活中的聲響。

米蘭家具展 Salone del Mobile di Milano

(圖片提供／Salone del Mobile.Milano)

米蘭家具展始於1961年,至今已辦了將近60屆,能成為受人矚目的設計焦點,主要是全球各地的設計師及品牌,總是使出渾身解數在此展現自己的理念及商品。不只展區的展覽令人目不暇給,整個米蘭城也動了起來,因為所有品牌都想在這短短幾天中,贏得這場無形的創意競賽。

主要展場位於米蘭商展中心(Fiera Milano),其中最有趣的是新銳設計師所闢的展覽空間 Salone Satellite。近年許多品牌也進駐場外的展覽區

Tortona,給予一些特立獨行的設計人發聲的舞台。

Tortona這座廢棄的工業區內,還有座前衛的文化博物館Museo delle Culture (Mudec) ,建築是由英國建築師大衛・奇普菲爾德(David Chipperfield)設計,歷時15年落成,策展主題主要為當下全球應關注的重要議題(地址:Via Tortona, 56／網址:www.mudec.it)。

(圖片提供／Salone del Mobile.Milano)

運河區 I Navigli

前往方式:地鐵2號線Porta Genova站
網址:www.navigliogrande.mi.it

米蘭運河系統為達文西所設計,曾是重要的商業運輸管道。當時開掘了5條運河串連起水道系統,目前已不再使用,但Naviglio Grande及Naviglio Pavese這兩條運河倒成了熱鬧的餐飲、商業區,尤其週末夜沿河充滿歡笑聲。

每月最後一個週日是著名的古董市集,長達2公里的運河沿岸是一攤又一攤的古董飾品、生活雜貨、古書畫、家具、鐘錶等。一些廢棄老屋現也改為藝術家工作坊,春天會舉辦藝術節,入秋則會舉辦花卉美食展。

運河區藝術節

1.運河邊的MAG Cafe,店內設計充滿復古工業風,餐飲也好吃 2.趣味十足的Pourquoi Moi Vintage古著店 3.運河區以往為社會運動者的大本營,這區的街頭文化較為左派,有些頂級潮店甚至特別選在這區開店

直指神之國度，世界第三大教堂
米蘭大教堂
Duomo

Piazza Duomo 16　(02)7202-2656　08:00～19:00；屋頂平台09:00～19:00(夏季夜間也開放參觀，5月底～8月中，最晚到21:00)　12/25、12/26　屋頂參觀9歐元(搭電梯13歐元)，教堂3歐元(含大教堂博物館Duomo Museum及運河區聖高達教堂San Gottardo in Corte Church)，另也可購買教堂平台聯票12歐元，電梯登頂聯票16歐元　地鐵1／3線Duomo站，出地鐵站即可看到，步行約1分鐘　www.duomomilano.it　可下載Duomo Milano App導覽

　　以占地面積來講，米蘭主教堂為世界第三大教堂(次於聖彼得大教堂及西班牙的塞維爾大教堂)，歷經了500多年的建構期，最後在拿破崙支持下，於1809年完工，拿破崙也在這座可容納3.5萬人的教堂中加冕成為義大利國王。

　　教堂呈十字形架構，外部長達157公尺、寬92公尺，共有135座尖塔，92個怪獸造型的出水口，並以3,159尊聖人與使徒雕像裝飾而成。最高的尖塔為鍍有3,900片金片的聖母瑪利亞雕像，高達108.5公尺，夜晚燈光照射下，亦顯光輝燦爛。

高聳尖塔的哥德式教堂

　　教堂正面於拿破崙時期完工，三角形的白色大理石牆，在尖塔的引領下，營造出直入天國的氣勢。入口共有5扇銅門，分別刻出教堂史、米蘭史、聖母生平故事、米蘭詔書等。這座典型的哥德式大教堂巧妙地以柱

正面青銅門上的雕刻作品

子及飛扶壁來分散屋頂重力，光是拱頂部分就用了52根梁柱，內部共劃分為5個側廊。除了建築學的考量之外，哥德式的高聳尖塔總讓人覺得能觸

玩家小抄：米蘭大教堂觀賞重點

- 最後的三面大型馬賽克鑲嵌畫：中間是啟示錄，左側是舊約聖經故事，右側則是新約聖經故事。
- 日晷：1783年的天文學家所設計的。
- 聖巴多羅什St. Bartholomew雕像：Marco d'Agrate所雕。
- 管風琴：1萬6千支管、120個音栓，為歐洲第二大。
- 主教堂博物館：2013年正式開幕的博物館，收藏豐富的雕刻真品、鑲嵌畫、掛毯、珍貴的禮拜儀式文物。

1.登上屋頂平台可近距離欣賞各個精緻的細節　2.有時還會在屋頂平台舉辦音樂會

義大利必看景點與畫作　羅馬及梵蒂岡城．佛羅倫斯．威尼斯．米蘭

抵天堂，所有禱詞，彷彿都能上達天聽，有著撫慰人心的宗教功用。

瀰漫宗教感的裝飾與傳說

教堂內部最精采的就屬大片彩繪玻璃(這也是哥德建築的特色之一)，其中最古老的為右側前3扇15世紀留下的花窗，而其他較為鮮豔的玻璃窗，則是後來修建的。每扇窗戶繪出不同的聖經故事，不但有精采的藝術價值，同時也達到傳教的目的。

聖壇上方有個紅點，藏著一根釘子，據說這取自釘死耶穌的十字架上。每年9月14日之前的周六還有個神聖的釘子節(Festa della Nivola)。

教堂地下墓室可看到麥迪奇(Medici)的紀念墓地，藏寶室內有許多珍貴的宗教寶物。

推薦遊客登上8千平方公尺大的教堂屋頂平台，遊走於108根主尖塔間，近距離欣賞精細的聖人雕像，鳥瞰市區景緻，是相當特別的體驗。

順遊景點

艾曼紐二世走廊 Galleria Vittorio Emanuele II

位於米蘭大教堂旁的艾曼紐二世走廊，為米蘭市區最優雅美麗的廊道，各大名牌都想在此占一席之地，而現在不只可在廊下逛街，還可遊走於走廊上方，在新闢的Highline Galleria喝餐前酒、用餐，近距離欣賞整座大教堂及週區(地址：Via Silvio Pellico 2／網址：www.highlinegalleria.com／18:30～20:30上平台票價15歐元，含門票、氣泡酒及小點心)。

走廊內的可憐公牛，據說只要腳跟踩著牠的生殖器成功轉上一圈，願望就能成真

9世紀建造的金祭壇，描繪耶穌一生

聖安勃吉歐教堂
Basilica di Sant'Ambrogio

✉ Piazza Sant' Ambrogio ☎ (02)8645-0895 🕐 週一～六10:00～12:00、14:30～18:00，週日15:00～17:00 🚫 週日早上 💲 免費 ➡ 地鐵2線至 Sant' Ambrogio站，步行約3分鐘

歷史悠久的聖安勃吉歐教堂，已有16個世紀之久，為米蘭地區最佳的羅馬建築。教堂於西元前379年即已存在，西元387年之後將此教堂獻給米蘭守護聖人聖安勃吉歐。目前所看到的建築是10世紀改建的倫巴底羅馬式建築。教堂正面以拱門及拱形窗裝飾，兩旁有2座鐘樓，右邊鐘樓於9世紀建造，左邊鐘樓則建於12世紀。教堂側面的修道院目前為天主教大學。

教堂內部最受矚目的是9世紀建造的金祭壇，由各種金飾、銀飾及珠寶裝飾而成，正面繪出耶穌的一生，後側為聖安勃吉歐的故事。上面的天頂畫為拜占庭式的鑲嵌畫，描繪聖人的生平事蹟。教堂內收藏了米蘭16個世紀以來的豐富文物，寶藏室(Tesoro di Sant'Ambrogio e Mosaici)內有許多珍貴的寶物。地下室則是安勃吉歐聖人的墓穴。

美麗又充滿生氣的天主教大學

玩家小抄 —— 自由風格

在米蘭聖安勃吉歐教堂附近的街道走時，Liberty這個字一直跑進腦海。

這是19世紀末到20世紀初的新風格，大量採用柔美的花草紋飾，以反學院風格為精神中心。最初是法國藝術家根據1896年的新畫廊，稱為新風格(Art Nouveau)，義大利人稱為自由風格(Stilo Liberty)，德國人稱為青年風格。

未來主義與抽象藝術作品

王宮
Palazzo Reale

✉ Piazza Duomo 12 ☎ (02)8846-5236 🕐 週一14:30～19:30，週二～日09:30～19:30(週四～22:30) 🚫 週一早上 💲 12歐元 ➡ 地鐵1／3線Duomo站，面向主教堂，王宮位於主教堂右側 🌐 www.comune.milano.it/palazzoreale

西元1138年之前，這裡一直都是米蘭的市政廳，後來轉為米蘭統治家族的居所。現為各種國際級藝術展覽空間，夏季中庭常有露天電影院等活動。

旁邊的建築為市立當代藝術博物館(Civico Museo d'Arte Contemporanea，CIMAC)，館內有許多義大利未來主義及抽象藝術作品，像是著名的Giacomo Balla、Umberto Boccioni、Carlo Carra等。另還不定期展出各種傑出的當代藝術，包括攝影、雕塑、及繪畫展。

全球最重要的歌劇殿堂
史卡拉歌劇院
Teatro alla Scala

古遺跡、廣場

✉ Largo Ghiringhelli 1, Piazza Scala ☎ (02)8879-7473 ⏰09:00～17:30 ㊡1/1、復活節、5/1、8/15、12/7、12/24下午、12/25、12/26、12/31下午 💲9歐元，優惠票6歐元 ➡地鐵1／3線Duomo站，穿過艾曼紐二世走廊即可看到，步行約3分鐘 🌐www.teatroallascala.org

史卡拉歌劇院啟用於西元1778年，不過二次大戰殘酷的戰火幾乎將劇院全毀，後來又依照原貌重新修建成一座美麗的新古典風格建築。

史卡拉歌劇院為全球最重要的歌劇院，當時重建完成再度開幕時，由剛從紐約返國的托斯卡尼尼指揮，展開一連串傑出的演出。羅西尼、威爾第、普契尼等

大師的作品，相繼在這舞台展露他們的音樂才華，讓世人聽到他們所創作的美麗樂音，因此在附設的劇院博物館中收藏豐富的相關文物，而館內的Livia Simoni圖書館還有大量的文獻資料(只接受預約參觀)。

史卡拉廣場上達文西及其徒弟雕像

玩家小抄 —— 義大利芭蕾舞
芭蕾舞雖然誕生於義大利，但卻是由麥迪奇家族的法國皇后凱瑟琳在法國發揚光大的。不過義大利也有傑出的舞團，就像擁有芭蕾舞團的史卡拉歌劇院，是義國芭蕾舞的領頭羊，19世紀時也曾是世界頂尖舞團。

眾多名人、藝術大師安眠之地
米蘭墓園
Cimitero Monumentale

古遺跡、廣場

✉ Piazza Cimitero Monumentale ☎ (02)6599-938 ⏰週二～日08:00～18:00 ㊡週一 💲免費 ➡地鐵2線至Garibaldi站，步行約3分鐘 🌐www.monumentale.net

位於Porta Garibaldi火車站不遠處的米蘭墓園，就像是一座現代雕刻博物館，一點也不顯陰森，園內盡是一尊尊栩栩如生的雕刻作品。此處為米蘭最重要的墓園，因此大部分的當地名人、將軍均安葬於此，歌劇大師托斯卡尼尼也是。

墓園前即為中國城，Via Paolo Sarpi為主街，想便宜用餐可到這區來。

中國城的餐廳價位應該是米蘭城最便宜

米蘭購物街區

黃金四邊角

➡ 可搭地鐵1線到S. Babila站,由此步行到精品街(Montenapoleone)或家具街Via Durini;或者可搭地鐵3線到Montenapoleone站,地鐵站外就是Armani旗艦店,對面就是精品街區

Montenapoleone及Via della Spiga之間的各條街道,原來聚集了許多裁縫店與高級住宅,再加上史卡拉歌劇院的加持,成了名流的出沒之地,

大教堂旁的艾曼紐二世大道多為中價位品牌店,走到底轉至Montenapoleone則為著名的黃金四邊角

所有你認識、不認識的品牌,這裡通通有　　Armani旗艦店的花藝部

之後遂成為時尚流行區,精品雲集。

這區的櫥窗,宛如開放式設計博物館一般,尤其以Dolce & Gabbana櫥窗最是精采,內部則仿如西西里島電影場景。Manzoni主街上的Armani 總部是由安藤忠雄打造,內有旗下各品牌、巧克力店、花店、咖啡館、餐廳,還有旅館。

玩家推薦 —— Alessi旗艦店
地址:Via Manzoni, 14/16
電話:(02)795-726
交通:由Montenapoleone地
交通:鐵站往史卡拉歌劇院方向步行約3分鐘

Spaccio Alessi Outlet
地址:Via Privat Alessi 6, 28887 CRUSINALLO DI
　　　OMEGNA (VB)(距離米蘭約1.5小時車程)
電話:(0323)868-611

義大利最著名的家具設計品牌之一,以創新的設計,在我們的居家環境中,大膽注入幽默感。像是著名的豆芽馬桶刷,讓小小的衛浴空間更加亮麗、有活力。也就是這種天馬行空的創意,幾乎20世紀所有知名的設計大師都曾為它效力過,因此累積了許多經典產品,如Philippe Starck的「Juicy Salif」外星人榨汁機、Richard Sapper的9091

音樂壺、Michael Graves的鳥鳴壺、Massimiliano Fuksas及Doriana O. Mandrelli所設計的E-Li-Li咖啡杯組等。

米蘭的這家旗艦店,最能看到Alessi的品牌文化,有一些只有這裡才找得到的大師作品。

4/25廣場Piazza XXV Aprile

➡ 由Garibaldi或Moscova地鐵站步行約6分鐘

位於Corso Como與Garibaldi這兩條街交會的四月二十五日廣場，也是相當精采、好吃又好買的一區。

High Tech生活雜貨設計品店 挖寶好去處

位於廣場邊的High Tech，於1982年將米蘭晚郵報印刷廠改為設計品店。多年來所堅持的選品原則為實用、漂亮、價格合理，因此一直是米蘭屹立不搖的生活設計品店。此外，商品的創新性也是它們的重點，因此在2,000平方公尺的商店裡，總是有挖不完的寶(地址：Piazza XXV Aprile, 12)。

Princi麵包坊 展現義大利現代設計美學

Princi麵包坊在米蘭共有三分店，其中兩家分店是由席維斯金所設計的，內部空間布滿空氣、水、土、火元素：粗曠簡約的石材烘烤空間、切麵包的平台，顧客與店員的交會，柴香、麵包香，充斥在口鼻間。麵包也真是了得，用餐時間總是顧客不斷，特別推薦義大利烤餅(地址：Piazza XXV Aprile, 5)。

Eataly Milano Smeraldo美食複合超商 義大利知名超商

Princi對面大樓是Eataly米蘭分店，除了販售優質食品的超市外，還設有多家餐廳，為米蘭熱門的用餐地點，冰淇淋也相當推薦(地址：Piazza XXV Aprile, 10)。

自助打酒區

10 Corso Como時尚店 購物美食住宿集一身

原本是米蘭頹破的一區，但曾擔任《Elle》雜誌總編的Carla Sozzani卻獨具慧眼，早在1991年即把這裡的一座舊車廠，改造為引領米蘭時尚流行文化的複合式商店。店內的服裝及居家選品獨到，咖啡館、餐廳設計吸睛，2樓的藝術書店可找到各種藝文書籍，藝廊則為有趣的小型展覽場，後來還開設了只有3問房的3 Rooms迷你旅館，房內均以獨特的Vintage家具擺飾(地址：Corso Como, 10)。

2樓的藝廊

米蘭其他購物推薦

布宜諾艾利斯大道　大眾購物街區

　　市民公園及中央火車站之間的布宜諾艾利斯大道為另一區大眾購物街區，幾乎所有大眾品牌都可以在這條大道上找到。除了服飾之外，也有許多家用品、香水、保養品店。這同時也是政府許可週日開店的街道之一，因此週末總是擠滿逛街人潮。

前往方式：地鐵1線的Porta Venezia站為大道頭，中段為Lima站，尾端為Loreto站，Loreto西側就是米蘭中央火車站；或者也可由Viale Tunisia搭電車前往，約10分鐘車程

La Rinascente百貨公司　義大利最大百貨公司

（圖片提供／La Rinascente）

　　義大利最大的百貨公司，米蘭分店是其中商品最齊全的，像是Miu Miu、LV、Gucci、Diesel、Dior、Chanel、Furla等都設有專櫃。B1的部分還有許多實用又有趣的家用品、咖啡機、杯盤及生活書籍。1樓有各大化妝品品牌；2樓為男性服飾及領帶；3樓為女裝與女鞋；4樓為女性服飾；5樓則為童裝及內衣；6樓有文具、寢具、旅行箱、禮品；7樓為咖啡館、餐廳、美食超市，從這裡還可看到主教堂的屋頂雕像；8樓還有髮廊。可在此購買各種禮品，集結起來一起退稅(百貨公司內設有退稅處)。

地址：Piazza del Duomo　**電話**：(02)885-21

Excelsior Milano精品百貨概念店　精品中的精品

　　所有商品都是米蘭知名的買手Antonia Giacinti精心挑選的，有些是這家店或義大利獨有的限量版，優雅地呈列由Jean Nouvel所打造的高級商場內。

　　1樓的部分有各種設計品、珠寶、手表及各國香水，如英國的Creed。地下樓層為Eat's餐廳，可享用現代創意料理，同時也有藏酒豐富的酒窖。往下走是頂級超市，義大利最優質的食品都可在此購足。

（圖片提供／Excelsior Milano）

地址：Galleria del Corso 4　**電話**：(02)7630-7301
時間：每天10:00～20:30
＊若需要個人購物及形象顧問，可聯繫Ms. Menegoi，
Email：mmenegoi@gmail.com

Peck高級食品店　販售優質葡萄酒及咖啡豆

　　位於主教堂與安勃西安那美術館之間的Peck，在典雅的老建築中，販售各種義大利高級食

品。幾乎所有高級食材，像是松露、香料、火腿、咖啡粉及新鮮蔬果等，都可在此買到。除了高級食材外，地下室有豐富的藏酒。1樓有供應美味的熟食、甜點及冰淇淋。2樓為餐廳及Bar，許多商業人士中午會選擇到此用餐。推薦購買這裡的咖啡豆及英式茶罐組。

地址：Via Spadari 7-9，主教堂左前方，由Via Torino右轉Spadari　**電話**：(02)2802-3161　**時間**：週一～六08:45～19:30　**店休**：週一早上及週日

這次購買的書名是：

開始到義大利購物&看藝術 (So Easy 308)

＊01 姓名：_____ 性別：□男 □女 生日：民國_____年

＊02 手機(或市話)：_____

＊03 E-Mail：_____

＊04 地址：□□□□□ _____

＊05 你選購這本書的原因

1. _____ 2. _____ 3. _____

06 你是否已經帶著本書去旅行了？請分享你的使用心得。

_____

_____

_____

_____

_____

很高興你選擇了太雅出版品，將資料填妥寄回或傳真，就能收到：1.最新的太雅出版情報 / 2.太雅講座消息 / 3.晨星網路書店旅遊類電子報。

填問卷，抽好書 (限台灣本島)

凡填妥問卷(星號＊者必填)寄回、或完成「線上讀者情報上傳表單」的讀者，將能收到最新出版的電子報訊息，並有機會獲得太雅的精選套書！每單數月抽出10名幸運讀者，得獎名單將於該月10號公布於太雅部落格與太雅愛看書粉絲團。

參加活動需寄回函正本(恕傳真無效)。活動時間為即日起～2018/12/31

以下3組贈書隨機挑選1組

放眼設計系列2本 (隨機)

手工藝教學系列2本 (隨機)

黑色喜劇小說2本

填表日期：_____年_____月_____日

太雅出版部落格
taiya.morningstar.com.tw

太雅愛看書粉絲團
www.facebook.com/taiyafans

旅遊書王(太雅旅遊全書目)
goo.gl/m4B3Sy

線上讀者情報上傳表單
goo.gl/kLMn6g

(請沿此虛線壓摺)

太雅出版社 編輯部收

台北郵政53-1291號信箱
電話：(02)2882-0755
傳真：(02)2882-1500
(若用傳真回覆，請先放大影印再傳真，謝謝！)

(請沿此虛線壓摺)

太雅部落格 http://taiya.morningstar.com.tw

有 行 動 力 的 旅 行 ， 從 太 雅 出 版 社 開 始

(請沿此虛線裁剪)